Kohlhammer

Philipp Kuwert
Michael Meyer zum Wischen (Hrsg.)

Jacques Lacan

Eine Einführung für die
therapeutische Praxis

Verlag W. Kohlhammer

Dieses Werk einschließlich aller seiner Teile ist urheberrechtlich geschützt. Jede Verwendung außerhalb der engen Grenzen des Urheberrechts ist ohne Zustimmung des Verlags unzulässig und strafbar. Das gilt insbesondere für Vervielfältigungen, Übersetzungen, Mikroverfilmungen und für die Einspeicherung und Verarbeitung in elektronischen Systemen.

Die Wiedergabe von Warenbezeichnungen, Handelsnamen und sonstigen Kennzeichen in diesem Buch berechtigt nicht zu der Annahme, dass diese von jedermann frei benutzt werden dürfen. Vielmehr kann es sich auch dann um eingetragene Warenzeichen oder sonstige geschützte Kennzeichen handeln, wenn sie nicht eigens als solche gekennzeichnet sind.

Es konnten nicht alle Rechtsinhaber von Abbildungen ermittelt werden. Sollte dem Verlag gegenüber der Nachweis der Rechtsinhaberschaft geführt werden, wird das branchenübliche Honorar nachträglich gezahlt.

1. Auflage 2017

Alle Rechte vorbehalten
© W. Kohlhammer GmbH, Stuttgart
Gesamtherstellung: W. Kohlhammer GmbH, Stuttgart

Print:
ISBN 978-3-17-032061-1

E-Book-Formate:
pdf: ISBN 978-3-17-032062-8
epub: ISBN 978-3-17-032063-5
mobi: ISBN 978-3-17-032064-2

Für den Inhalt abgedruckter oder verlinkter Websites ist ausschließlich der jeweilige Betreiber verantwortlich. Die W. Kohlhammer GmbH hat keinen Einfluss auf die verknüpften Seiten und übernimmt hierfür keinerlei Haftung.

Inhalt

Vorwort aus Sicht des stationären Klinikers   7

Philipp Kuwert

Vorwort aus Sicht des niedergelassenen Psychotherapeuten   9

Michael Meyer zum Wischen

| 1 | Das Glück der Ruhe opfern | 13 |

Birgit Meyer zum Wischen

| 2 | Die Bedeutung der Vorgespräche und die Zukunft der Psychoanalyse | 17 |

André Michels

| 3 | Zur Theorie und Klinik der Neurosen | 28 |

Kai Hammermeister

| 4 | Fragmente einer Liebe – Zum Übertragungskonzept der Psychoanalyse bei Freud und Lacan | 43 |

Edith Seifert

| 5 | Grenzfälle – Struktur und Singularität in der Klinik von »Borderlinern« | 64 |

Michael Meyer zum Wischen

| 6 | Psychose und Perversion | 84 |

Franz Kaltenbeck

| 7 | Kinderpsychoanalyse mit Lacans Konzeptualisierung | 105 |

Annemarie Hamad

| Stichwortverzeichnis | 115 |

| Personenverzeichnis | 118 |

| Verzeichnis der Autorinnen und Autoren | 119 |

Vorwort aus Sicht des stationären Klinikers

Philipp Kuwert

In einer Zeit, die scheinbar zunehmend von Prozessen der Desintegration und Sehnsucht nach unterkomplexen Scheinlösungen geprägt wird, ist es an der Zeit, eine solche historische Scheinlösung zu beenden: die Vertreibung des politisch unkorrekten Lacan und seiner Denkweisen aus den deutschsprachigen Fachgebieten der Psychiatrie, Psychotherapie und Psychosomatischen Medizin. »Phantasma«, »Begehren«, »Objekt klein a«, »Signifikant«, und »Analysant« – es ist die z. T. sehr sperrige und gleichwohl gerade dadurch auch geheimnisvoll anziehende Art der Lacan'schen Formulierungen, die den Zugang gleichermaßen erschweren und doch neugierig machen. Während die von ihm begründete Strömung der Psychoanalyse international auch therapeutisch florierte, hat sein damaliger Ausschluss aus der IPA in Deutschland für die psychotherapeutischen Fächer dazu geführt, dass seine fruchtbaren Theorien und die klinische Praxis nahezu keinen Zugang zu den institutionalisierten Ausbildungsgängen fanden. Das scheint sich jedoch in den letzten Jahren gelockert zu haben. Das Begehren setzt sich durch, und niemand muss an den staatlich anerkannten Ausbildungsinstituten mehr hinter vorgehaltener Hand sagen, dass er oder sie mit dem unkonventionellen Franzosen »liebäugelt«. Gleichwohl ist es bislang völlig undenkbar, in den Genuss einer offiziellen Lehranalyse zu kommen, in der die nur scheinbar skandalöse und tatsächlich durchaus kluge Praxis des Skandierens geübt wird, also der deutenden Beendigung der jeweiligen Analysestunde zu einem signifikanten Moment und nicht an ein quantitatives Paradigma geklammert nach 50 Minuten. Es gibt also noch viel zu tun, und dieses Buch soll einen kleinen Beitrag dazu leisten, dass die Analyse nach Lacan den ihrem Potential entsprechenden Platz in den klinischen Fächern wieder einnehmen kann.

Vorwort aus Sicht des niedergelassenen Psychotherapeuten

Michael Meyer zum Wischen

Im deutschsprachigen Raum wird das Werk Lacans oft als intellektuell unzugänglich angesehen, eher zur Philosophie gehörig und klinisch wenig brauchbar. Im Gegensatz hierzu ist die lacanianische Psychoanalyse in den romanischen Ländern, auch in Mittel- und Südamerika, in der klinischen Praxis sehr präsent, in Praxen, Krankenhäusern und verschiedenen sozialen Institutionen. Anlass und Ziel dieses Buches ist es, die klinische Relevanz der Theorie Lacans auch dem deutschsprachigen Leser zugänglich zu machen und sein Interesse zu wecken, in sein Denken und die mit ihm verbundene Praxis intensiver einzusteigen.

Unser Band beginnt mit Birgit Meyer zum Wischens Text *Das Glück der Ruhe opfern*, einer Parabel auf das, was von Lacan als Begehren des Analytikers bezeichnet wurde. Dieses Begehren richtet sich als Motor der psychoanalytischen Kur auf die Kräfte von Begehren und Trieb aus, die im Unbewussten des Analysanten »arbeiten«, wie in der Sage einst die Heinzelmännchen in Köln die Arbeit verrichteten. Eine solche Ausrichtung der Kur ist einer ichpsychologischen Position entgegengesetzt und zielt nicht auf Ruhe und Stabilisierung, sondern auf Aufbrechen imaginärer Sicherheiten, wie sie vor allem in Neurose und Perversion vorherrschen. Allein so werden Verschiebungen, neue Triebschicksale möglich.

Weiter geht es mit dem Beitrag von André Michels *Die Bedeutung der Vorgespräche und die Zukunft der Psychoanalyse*. In seinem Text wird die ethische Dimension schon des Beginns der Analyse deutlich, die darin besteht, sich dem Diskurs des Anderen, dem Unbewussten, öffnen zu können. Dies ermöglicht einen Neuanfang, der für die Analyse konstitutiv ist und sie von jedem gewöhnlichen Gespräch unterscheidet. Michels legt auf die zeitliche Logik der Analytischen Kur besonderen Wert und grenzt diese von ihrer positivistischen Begründung ab. Der Umgang mit der Zeit ist eine besondere Verantwortung des Analytikers und unterscheidet seine Praxis von jeder normierbaren »Technik«.

Kai Hammermeisters Kapitel *Zur Theorie und Klinik der Neurosen* grenzt sehr klar eine Freud und Lacan folgende und auf die Struktur bezogene Diagnose von einer deskriptiven Klassifikation ab, die sich im Aufzählen von Symptomen verliert. Hammermeister macht dabei den bereits bei Freud vorhandenen Begriff der (Neurosen-)Wahl stark, der sich bei Lacan generell auf die Struktur des Subjekts bezieht und sich bei der Neurose auch auf die Unterscheidung von Hysterie und Zwang erstreckt. Genau dieses Moment der Wahl ist auch die Voraussetzung der Modifikation der Struktur im Verlauf der psychoanalytischen Kur. Diese betrifft damit in besonderer Weise die Art, wie das Subjekt Lust erlebt und sein Begehren ausrichten kann. Dimensionen, die die heutige psychiatrische Diagnostik verfehlt.

In *Fragmente einer Liebe – Zum Übertragungskonzept der Liebe bei Freud und Lacan* geht Edith Seifert auf den unlösbaren Zusammenhang zwischen Liebe und Übertragung ein und untersucht in Hinblick auf die Geschichte der Entwicklung der Theorie der Übertragung von Freud zu Lacan, wie unterschiedliche Auffassungen von der Liebe die Handhabung der Übertragung in der Kur beeinflussen. Geht es darum, dass der Analysant vom Analytiker das passend erhält, was er bisher nicht bekam oder ihm verweigert wurde? Oder geht es um einen anderen Umgang mit dem Mangel in der Liebe, der zu einer Modifikation im Verhältnis des Analysanten zum Anderen, wie zum – verlorenen – Objekt führt? Bei Seifert findet sich die Formulierung von der »Atopie des Eros«, die der Analytiker zu berücksichtigen hat, will er nicht der Illusion erliegen, für den Analysanten das umfassend gute Objekt, bzw. der alles Übel heilende Andere zu sein, den dieser nicht hatte (und den es nach Lacan nicht geben kann).

In seinem Beitrag *Grenzfälle – Struktur und Singularität in der Klinik von »Borderlinern«* setzt sich Michael Meyer zum Wischen für einen Grenzgang zwischen struktualer Klinik und Singularität ein, wie er sich in besonderer Weise bei der sogenannten Borderline-Pathologie findet. Er wendet sich dabei sowohl gegen eine pauschale Ablehnung dieser Diagnose als auch gegen den Versuch der Einführung einer neuen generalisierbaren Klassifizierung. Meyer zum Wischen unterstreicht den klinischen Wert der Atopie, eines fundamentalen Mangels an Verortung in der Struktur, wie wir ihn in unseren Praxen mehr und mehr finden. Dieses Phänomen stellt auch das Monopol des »Namens-des-Vaters« als Dreh- und Angelpunkt unserer Differentialdiagnose in Frage und lenkt die Aufmerksamkeit auf begrenzte Formen der Verwerfung der Kastration, wie sie vor allem in Folge von Traumatisierungen auftreten können. Diese Atopie erscheint aber nicht nur als Schwierigkeit für die Subjektivierung des Analysanten, sie kann auch Ausgangspunkt einer kreativen Neuschöpfung werden, die Lacan als Sinthom bezeichnete.

Franz Kaltenbeck beleuchtet aus der strukturalen Perspektive Lacans das vielschichtige Verhältnis von *Psychose und Perversion*, wobei er sich auf seine Erfahrungen in der Forensik stützen kann. Das perverse Phantasma kann ein letztes Bollwerk gegen den Einbruch des Wahns sein und ersetzt in nicht wenigen Fällen den karenten Namen-des-Vaters. Kaltenbeck unterstreicht dabei, wie das Phantasma in Wahn umschlagen kann. Auch in seinem Beitrag wird deutlich, dass die Lacan'sche Differenzierung der drei klinischen Strukturen die Betrachtung von deren komplexem Zusammenwirken nicht behindert, sondern sogar fördert.

Annemarie Hamads Aufsatz zur *Kinderpsychoanalyse mit Lacans Konzeptualisierung* arbeitet das Besondere der Kinderanalyse in einer Lacan'schen Perspektive heraus und situiert sie im Hinblick auf die Ansätze Anna Freuds und Melanie Kleins. Sie führt uns in die Lektüre Lacans des Falles Dick von Melanie Klein ein, wobei deutlich wird, wie der Ausgang dieser Analyse von einer Verknüpfung von Symbolischen und Imaginären bestimmt wurde. So legt Hamad in ihrer Theoretisierung der kinderanalytischen Praxis auch besonderen Wert auf die Verknüpfung der drei Register des Realen, Symbolischen und Imaginären, die sogenannte borromäische Klinik. Durch eine Fallvignette mit einem autistischen Mädchen macht sie deutlich, wie die Analytikerin durch Übertragung in den Prozess dieser Subjektivierung des Kindes einbezogen ist, hier durch gemeinsames Zeichnen.

Die Autorinnen und Autoren des Buches machen mit der Verschiedenartigkeit ihrer Artikel deutlich, dass es keine allgemeine klinische Theorie nach Lacan, aber sehr wohl zentrale Konzepte (der Andere, Objekt klein a, der Signifikant, RSI etc.) gibt, mit denen es sich in der Praxis auch mit schwierigen Patienten und Analysanten gut arbeiten lässt. Diese Konzepte bedürfen weiterer Ausarbeitung und der Auseinandersetzung mit den Begriffen der anderen Ausrichtungen der Psychoanalyse.

1

Das Glück der Ruhe opfern

Birgit Meyer zum Wischen

Freud schreibt im *Unbehagen in der Kultur*[1] vom Glück der Ruhe. Er identifiziert dort das Programm des Glücks mit dem Lustprinzip und stellt das Glück der Ruhe in den Kontext von Vereinsamung, Fernhaltung von den anderen und Abwendung von der Außenwelt. Exemplarisch für das dazu notwendige Ertöten der Triebe und das Aufgeben aller anderen Tätigkeiten führt er Intoxikation und Yogapraxis, also Askese, an. Diese sollen Beispiele dafür sein, wie man das Glück der Ruhe erwerben kann. Ein Zitat aus dem *Unbehagen*: »Gewollte Vereinsamung, Fernhaltung von den anderen ist der nächstliegende Schutz gegen das Leid, das einem aus menschlichen Beziehungen erwachsen kann. Man versteht: das Glück, das man auf diesem Weg erreichen kann, ist das der Ruhe. Gegen die gefürchtete Außenwelt kann man sich nicht anders als durch irgendeine Art der

---

1 Freud, S. (1974/1930). Das Unbehagen in der Kultur. GW XIV, S. 419–506.

1 Das Glück der Ruhe opfern

Abwendung verteidigen, wenn man diese Aufgabe für sich allein lösen will. Es gibt freilich einen anderen und besseren Weg, indem man als ein Mitglied der menschlichen Gemeinschaft mit Hilfe der von der Wissenschaft geleiteten Technik zum Angriff auf die Natur übergeht und sie menschlichem Willen unterwirft. Man arbeitet dann mit Allen am Glück Aller.«[2] Soweit Freud.

Das Glück der Ruhe ist bei Freud also ein einsames, passives, und damit sicher nur ein sehr eingeschränktes Glück. Der Asket opfert also eher der von ihm angestrebten Ruhe das Glück. Umgekehrt liegt nahe, dass man, um eine Möglichkeit auf Glück im eigentlichen Sinn zu haben, das Glück der Ruhe opfern muss, weil man sonst immer nur Ruhe, Triebstagnation, hätte, ohne Glück. Lacan hat sich mit der logischen Struktur des vel, des Oder, beschäftigt, die hier ins Spiel kommt.[3] Es ist die Struktur des Subjekts des Unbewussten schlechthin. Dieses besondere vel nennt Lacan ein vel der Entfremdung. Die Wahl zwischen den zwei Termen, also Glück oder Ruhe, führt dazu, dass man immer denselben eliminiert, egal welchen man wählt. Die Konsequenz ist ein »Weder das eine, noch das andere«. Die Wahl der Ruhe lässt nur ein sehr beschädigtes Glück übrig, die Wahl des Glücks zieht mit der Ablehnung der Ruhe ein Verfolgen der sehr ungewissen Glücksmöglichkeiten in der Beziehung zu den anderen nach sich. Das Glück entzieht sich also in beiden Fällen. Aber was dann? Die Würfel scheinen demnach von vornherein gefallen, aber es handelt sich trotzdem um keine rein willkürliche Wahl, sondern um eine von einem velle, einem Wollen, durchdrungene, eine Trennung gewissermaßen, die gewollt ist.

Sie kennen bestimmt die Kölner Sage von den Heinzelmännchen, diesen kleinen Männlein, die fleißig nachts im Verborgenen die Arbeit der schlafenden Handwerksleute tun, die wiederum gar nicht arbeiten, weil, eh sie erwachen, ihr Tagewerk schon gemacht ist.[4] Die Heinzelmännchen, die in der Sage übrigens nackt sind, bekommen sie nie zu Gesicht, nur das Produkt ihres Schaffens: das fertige Haus, die gebackenen Brote usw.

---

2 Freud, S. (1974/1930). Das Unbehagen in der Kultur, a. a. O., S. 435.
3 Vgl. Lacan, J. (1987/1964). Das Seminar. Buch XI: Die vier Grundbegriffe der Psychoanalyse. Weinheim/Berlin, S. 220–224, sowie Lacan, J. (1991/1966). Die Stellung des Unbewußten. In Schriften II (3. Aufl.). Weinheim/Berlin, S. 205–230, hier S. 220 ff.
4 Kopisch, A. (1836). Die Heinzelmännchen zu Köln. In: Gedichte. Berlin, S. 98–102. Weyden, E. (1826). Cöln's Vorzeit. Cöln am Rhein, S. 200–202.

Diese Bewegung des Auftauchens, Arbeitens und sich Wiederentziehens, die die Heinzelmännchen uns vorführen – erinnert das nicht an das Unbewusste, das mit den Heinzelmännchen doch die Eigenschaft teilt, zu verschwinden, sobald man meint, es zu fassen zu kriegen?

Ein Aufklaffen, ein Pulsieren. In der psychoanalytischen Arbeit muss man immer auf Tuchfühlung sein mit dieser Struktur des Unbewussten.

In *Die Stellung des Unbewußten* sagt Lacan: »Der Platz, um den es hier geht, ist der Eingang zu jener Höhle, hinsichtlich dessen Platon uns bekanntlich zum Ausgang führt, während man sich vorstellt, den Analytiker eintreten zu sehen. Damit ist es jedoch nicht so einfach, denn es handelt sich dabei um einen Eingang, zu dem man gerade immer in dem Augenblick kommt, wo geschlossen wird [...].«[5]

Aber das heißt nicht, dass nichts zu machen ist. Die Heinzelmännchen-Geschichte endet mit dem Einfall eines neugierigen Schneidersweibs, das Erbsen ausstreut, um die Heinzelmännchen ins Schlittern zu bringen und einmal zu gucken, was sie da so treiben (und es gibt auch etwas zu sehen: Sie sind nackt!). Die kleinen Männlein kommen also angetippelt, rutschen auf den Erbsen aus, die Schneidersfrau richtet die Lampe auf sie, was zur Folge hat, dass die Männchen flüchten, so schnell sie können: »Sie springt hinunter auf den Schall / Mit Licht: husch husch husch husch! – verschwinden All!«[6]

Jetzt ist es aus mit dem Glück der Ruhe, der Oblomowerei der Zimmerleute, Bäckermeister, Fleischer, Küfer und Schneider: »Man kann nicht mehr wie sonsten ruh'n, / Man muß nun Alles selber thun!« Ein Akt der Subjektivierung, der vermutlich sogar in direktem Zusammenhang mit der Motivation, der Wahl dieses Aktes steht: genau dieses und kein anderes Opfer. Die Schneidersfrau opfert das Glück der Ruhe für sich und die anderen; die »schöne Zeit« kommt nicht wieder, aber sie hat durch ihre Neugier die Heinzelmännchen zum Stolpern gebracht, immerhin: »Die gleiten von Stufen / Und plumpen in Kufen, / Die fallen, / Mit Schallen, / Die lärmen und schreien / Und vermaledeien!«

Ist nicht das Schneidersweib hier von so etwas wie dem Begehren des Analytikers geleitet? Da, wo es hapert, tut sich etwas vom Unbewussten auf, so ähnlich formuliert es Lacan. Die Heinzelmännchen-Geschichte ist – wie sie merken – eine richtige »Fall-Geschichte«, denn das Eingreifen des Schneidersweibs führt zu einem radikalen Schnitt; der Eingriff bringt

---

5 Lacan, J. (1991/1966). Die Stellung des Unbewußten, a. a. O., S. 216.
6 Kopisch, A. (1836). Die Heinzelmännchen zu Köln, a. a. O.

etwas zu Fall: das Glück der Ruhe. Das ist ein gewaltsamer und sogar auch ein destruktiver Akt, wie auch in der Analyse die Kunstbildung des Symptoms zerstört wird. Aber es endet nicht alles, sondern es wird etwas verlagert, verschoben, umverteilt, nämlich die Arbeit, die einmal mehr zu tun ist.

Sowohl die intensive als auch die extensive psychoanalytische Arbeit glückt vielleicht dann nur, wenn es gelingt, dieses Glück und die damit verbundenen Sicherheiten zu opfern.

2

Die Bedeutung der Vorgespräche und die Zukunft der Psychoanalyse

André Michels

Die Vorgespräche stehen am Anfang des psychoanalytischen Prozesses, den sie in seinem zeitlichen Ablauf mitbestimmen. Sie erlauben dem angehenden Analysanten, einen »Sinn« für das zu entwickeln, was in ihm und durch ihn spricht, für eine Determinierung seines Sprechens und Symptoms jenseits dessen, was er bis dahin über sich in Erfahrung bringen konnte.

Zunächst gilt es seine Frage, d.h. *Anfrage* (*demande*) an den Analytiker zu artikulieren; ein Faktor, der umso aktueller ist, als sich viele Analytiker über eine mangelnde *Nachfrage* beklagen. Ein Wiederaufleben des »Interesses« an der Psychoanalyse bedarf einer neuen Aufmerksamkeit für das konstitutive Moment des Anfangens, aus dem die Vorgespräche bestehen. Sie führen die Dimension der Übertragung ein, welche die Psychoanalyse als einen zeitlichen Prozess instituiert und eine rationale Grundlage für die Frage ihrer Beendbarkeit schafft.

Anfangen

Um welches Anfangen handelt es sich? Einige Analysen erweisen sich als nicht abschließbar, weil sie nicht richtig in Gang gekommen sind; andere kommen nicht voran, weil sie nicht wirklich angefangen haben. Die Vorgespräche sind eine Herausforderung, sowohl an den Analysanten als auch an den Analytiker, der in seiner Fähigkeit gefordert wird, sich auf die Dimension des Anderen einzulassen, sie überhaupt wahrzunehmen, die Singularität eines Sprechens zu erkennen, d. h. anzuerkennen.

Welches ist sein Bezug zum Unbewussten? Inwiefern ist es ihm gelungen, das in der eigenen Analyse Erfahrene lebendig zu erhalten oder mit neuem Leben zu erfüllen? Inwiefern ist er in der Lage, auf das Neue, Anfängliche zu hören, das in jedem wahren Sprechen spricht? Besteht nicht das Besondere seiner Position darin, dass sie nie als gesichert gilt, schon gar nicht durch ein Diplom oder einen Studienabschluss? Von vornherein weiß er nicht, ob es ihm gelingen wird, in diesem bestimmten Fall, seinen Platz als Analytiker zu finden oder einzunehmen.

Das Spezifische der analytischen Praxis besteht darin, die Bedingungen eines Sprechens zu schaffen, das vom Unbewussten zeugt. Jene gilt es gegenüber einem Umfeld zu behaupten, das sich durch seinen Anspruch auf »Wissenschaftlichkeit« auszeichnet, dem vorwiegend unter der Form des Positivismus' sowohl die akademische Welt als auch eine breite Öffentlichkeit verfallen ist. Die Herausforderung an die Psychoanalyse ist umso größer, als durch die Psychotherapiegesetze in vielen westlichen Ländern eine neue Situation entstanden ist, in der ihre Eigenart zu verschwinden droht: Von vielen kaum noch erkannt, wird sie ihr vom Gesetzgeber weitgehend aberkannt, ja abgesprochen, und von den psychoanalytischen Instituten nicht zur Genüge hervorgehoben.

In diesem ihm nicht unbedingt wohlwollend gesinnten Umfeld findet der Analytiker eine Orientierung zunächst in seinem eigenen Zugang zum Unbewussten, der Quelle, aus der er schöpft. Jede Analyse stellt ihn erneut vor die Frage, wie er selbst zur Analyse gekommen ist, wie er zum Analytiker geworden ist; ein Prozess, der sich für ihn als nicht abschließbar erweist. Ist die Analyse nun »endlich«, »unendlich«[7] oder beides zugleich? Wird die Analyse erst dadurch abschließbar, dass sie beim Analytiker

---

7 Nach Freud, S. (1950/1937). Die endliche und die unendliche Analyse. GW XVI, S. 59–99.

nicht zum Abschluss kommt? Um welche Form des Schließens handelt es sich dabei? Ist es eine Funktion des Schnitts, der Skandierung, als welche Lacan die Deutung versteht?

Ent-lernen

Mit jeder Analyse wiederholt sich für den Analytiker sein eigenes »Unterwegs«[8] zum Unbewussten, zur Sprache, als einem ganz eigenartigen Sprechen. Es ist eine Wiederholung, die jedes Mal anders ist, die etwas Anderes bewirkt oder zu Wort kommen lässt, aus dem das Sprechen stammt. Es ist ein Wieder-holen, das sich nur *in actu* vollzieht, worin der »analytische Akt«[9] besteht.

Der Analytiker ist, im wahren Sinn des Wortes, ein »Anfänger«, oder er versucht es zu sein. Besteht für ihn der größte Anspruch nicht darin, den Bezug zum Anfangen, Anfänglichen aufrechtzuerhalten, d.h. das längst Bekannte anders oder *wie neu* zu hören, sehen, verstehen? Erwähnenswert ist in diesem Zusammenhang die Bemerkung des polnischen Komponisten Krystof Penderecki, dass es ihn viel Zeit und Kraft gekostet habe, um von seinen Meistern zu lernen, dass es aber eine weitaus schwierigere Aufgabe war, all das wieder zu *ent-lernen*, was er so mühsam erworben hatte. Zu dem so oft zitierten Aphorismus Goethes': »Was du ererbt von deinen Vätern hast, erwirb es, um es zu besitzen«[10], stellt diese Überlegung sowohl einen Gegensatz als auch ein zusätzliches Moment dar.

Die Herausforderung der Psychoanalyse überschneidet sich mit jener der Kunst: »Wie die Voraussetzungen des Neuen schaffen?« Um darauf antworten zu können, genügt das Erlernte nicht, sondern es bedarf der Fähigkeit, darüber hinauszugehen, ggf. darauf zu verzichten. *Ent-lernen*, auf Seiten des Analytikers, heißt, seine Praxis so lebendig, so erfindungsreich wie möglich gestalten, um auf die Singularität eines Sprechens, das Neue, Unbekannte einer Aussage oder Anfrage (*demande*) eingehen zu können. Diese wird heute oft anders als noch vor einiger Zeit formuliert und daher nur allzu leicht überhört. Sie gilt es *wahr*zunehmen; an den Analytiker

---

8 Nach Heidegger, M. (1959). Unterwegs zu Sprache. Pfullingen.
9 Nach Lacan, J. (1967–1968). L'acte psychanalytique. Le Séminaire. Livre XV. Unveröffentlicht.
10 Goethe, J. W. (1971/1808). Faust I, Verse 682–683. Ditzingen.

richtet sich die Erwartung, auf jede Systematik, Voreingenommenheit, Vorentscheidung im Denken und Handeln zu verzichten.

Er ist dazu aufgefordert, sich von den Vorstellungen und Vorurteilen seiner Zeit, die Analyse betreffend, zu distanzieren. Oft unterliegt er, ohne es zu wissen, einem dominanten Diskurs, der in seinem Umfeld vorherrschenden *doxa* (Meinung), die einen klaren Gegensatz zur *epistem*é (Wissenschaft) darstellt, an der er sich zu orientieren sucht. Er ist dann wie ein Gefangener eines nicht nur von den modernen Medien, sondern auch von den Lehranstalten, Akademien, sogar den psychoanalytischen Instituten, verbreiteten Imaginären. Von Anfang an ist er nicht nur mit dem singulären Sprechen des Analysanten konfrontiert, sondern ebenso mit einem auf ihn projizierten Bild oder Ideal, mit einer diskursiven Strömung, die in unserem szientistischen Zeitalter kaum etwas vom Unbewussten hören will.

Zeit-gabe

In seinem 1913 erschienenen Beitrag *Zur Einleitung der Behandlung* geht Freud auf die Irrungen (*errements*) – nicht unbedingt Irrtümer – ein, die einem zu Beginn einer Analyse begegnen können und vor denen er warnen möchte. Ob er uns davor bewahren kann, sei dahingestellt. Es ist die Rede von einer »Probezeit«[11], die u. a. den Zweck erfüllt, die Neurose von der Psychose zu unterscheiden und keine falschen therapeutischen Hoffnungen zu wecken. Er ist kein Befürworter von »lange(n) Vorbesprechungen vor Beginn der analytischen Behandlung«[12]; ganz im Gegensatz zu Lacan, der sich, d. h. dem Analysanten, wie er sagt, mit zunehmender Erfahrung mehr Zeit gibt, um wirklich beginnen zu können, um zu vermeiden, dass eine Analyse im Sand verläuft. Ist es heute nicht so, dass viele erst mit der Zeit auf den Weg der Analyse gebracht werden können, auf den Punkt einer ersten Manifestation des Unbewussten, sei es unter der Form einer Fehlhandlung, eines Traums, Witzes oder Versprechers?

In jedem Fall gilt es, die Zeit richtig einzuschätzen, jene, in der wir leben, sowie jene, die der angehende Analysant braucht, um den Weg zu einem eigenen Sprechen zu finden. Dieses unterscheidet sich von einem ge-

---

11 Freud, S. (1945/1913). Zur Einleitung der Behandlung. GW VIII, S. 455.
12 Freud, S. (1945/1913). Zur Einleitung der Behandlung, a. a. O., S. 456.

meinsamen oder gemeinen Gespräch, einer bloßen Unterhaltung. Es ist die Zeit, deren er bedarf, um etwas von sich, über ein gewisses Maß hinaus preiszugeben. Es kann sowohl einen Verzicht als auch eine Gabe bedeuten. Ein *Verzicht* auf die Kontrolle, die er bis dahin über sein Sprechen ausgeübt hat, bis ihm klar wurde, dass sein Denken selbst aus einem Sprechen hervorgeht, über das er weniger verfügt, als dass er dessen Fügung unterliegt; das so gewonnene neue Vertrauen in das eigene Sprechen erlaubt ihm, nach und nach, auf die Sprachkontrolle zu verzichten und ein *anderes* Sprechen, trotz oder jenseits der Zensur, zuzulassen. Eine *Gabe*, die sich als eine Funktion der Zeit erweist: der Grund, weshalb er derjenigen, die ihm der Analytiker zu Verfügung stellt, eine so große Bedeutung bei-misst und er nicht umhin kann, sie als ein gewisses *Maß* an Zuneigung zu deuten.

Die Ungleichheit der Situation ist dabei nicht zu übersehen. Der Analysant gibt etwas von sich (preis), über das er nicht (mehr) verfügt, während der Analytiker ebenso etwas von sich gibt, nämlich die ihm zur Verfügung stehende Zeit, die be-messen ist und für die er einen Preis verlangt. Gilt auch hier der Satz »Zeit ist Geld«? Ein ökonomischer Grundsatz, den Heinrich Böll für sich umformuliert, d. h. in umgekehrter Form gelesen hat. Freud weist seinerseits darauf hin: »Wichtige Punkte zu Beginn der analytischen Kur sind die Bestimmungen über Zeit und Geld.«[13] Heißt das, dass beide wesentlich zusammengehören? Er bringt uns nahe, wie er selbst mit der Zeit umgeht, ohne zu fordern, dass man so mit ihr umzugehen habe, oder zu behaupten, dass es der einzig mögliche Weg wäre, um eine Analyse zu beginnen.

Sein Hinweis ist auch eine Ermutigung, nach eigenen, neuen Wegen zu suchen, die einzig und allein der Lebendigkeit der Praxis dienen und sie gewährleisten. Die »Bestimmungen über Zeit und Geld« erlauben einen Rahmen festzulegen, in dem sich ein *anderes* Sprechen, jenseits des rein Faktischen, der alleinigen Mitteilung oder Beschreibung, der bloßen Meinung zu entfalten vermag, sowie eine *andere* Zeit, jenseits ihrer chronologischen Messbarkeit.

---

13 Freud, S. (1945/1913). Zur Einleitung der Behandlung, a. a. O., S. 458.

Maß-gabe

Der Begriff der *Vor*gespräche deutet darauf hin, dass es sich um einen Einstieg, eine Vorbereitungsphase handelt, um eine Zeit – dazu gehören sowohl Dauer, Frequenz als auch Anzahl der Sitzungen –, deren Maß nicht von vornherein festgelegt werden kann; um ein Sprechen, das erst allmählich mit dem Alltagsdiskurs, dem »*ronronnement du discours courant*« (Lacan), bricht. Dazu ist es notwendig, auf eine Manifestation des Unbewussten zu warten, die das *Andere* – des Sprechens, der Zeit – einführt.

Sehr früh tauchen in den meisten Analysen Fragen auf, die auch Freud erwähnt: »Wie lange Zeit wird die Behandlung dauern?«[14] »Wie oft muss ich zu Ihnen kommen?« Die Antwort darauf hängt u. a. auch von der Schule ab, der man angehört; von Freud ausgehend, haben sich in der Tat unterschiedliche Traditionen gebildet, die sich über Jahrzehnte befehdet haben und sich auch heute noch gegenseitig vorwerfen, Freuds Geist oder Buchstaben zu verraten. Aber sogar diejenigen, die am strengsten mit der Zeit umgehen, weichen von Freuds Vorgabe ab, eben deshalb, weil die Zeit eine ökonomische Variable ist und unsere heutige »Zeitökonomie« sich von derjenigen zu Freuds und Lacans Zeiten unterscheidet.

Letzterer ist wohl am kritischsten mit den (nicht nur zeitlichen) Normen der IPV umgegangen, die bereits eine Variante derjenigen Freuds darstellen, die er vielleicht als legitim, aber darum nicht als bindend oder legal anerkennt. Er sieht in ihnen weniger den »wissenschaftlichen« Anspruch, als vielmehr das Gruppeninteresse. Die Frage stellt sich umso mehr: Was wäre ein »angemessenes« Verfahren der Zeitrechnung in der Psychoanalyse, jenseits ihrer konventionellen oder empirischen Bestimmung? Gibt es dazu sinnvolle, rationale Kriterien? Um nachvollziehbar zu sein, müssten sie aus dem Unbewussten selbst, d. h. der ihm zugrundeliegenden Rationalität, hervorgehen.

Die Aufgabe der Vorgespräche wäre es, den Weg dorthin und von dort aus vorzubereiten, nämlich die schrittweise (*pas à pas*) Übersetzung des Diskurses des Analysanten in die Sprache des Unbewussten oder, umgekehrt, die allmähliche Aufdeckung der bereits vollzogenen Durchdringung des Diskurses des Einen durch die Sprache des Anderen. Die *Übertragung* vollzieht sich in beiden Richtungen. Sie ist ein oft langer Umweg, der sich jedoch als lohnend und unverzichtbar, ja als der Weg selbst erweist. Dazu

---

14 Freud, S. (1945/1913). Zur Einleitung der Behandlung, a. a. O., S. 460.

ist es notwendig, zunächst auf die *Maß-gabe* des Anderen zu hören, von dem das eigentliche Sprechen ausgeht, als dessen Diskurs (*discours de l'Autre*) Lacan das Unbewusste definiert.

Er fragt nach der »logischen Zeit« – jenseits ihrer historischen und chronologischen Lesart –, die eben im *Logos* ihre *Ratio* findet; Letztere ist sowohl Bezugspunkt, Bestimmung als auch Maß. Auch wenn er mit seiner einseitigen, institutionellen Festlegung – in der er eine Form von Willkür, ja des Machtmissbrauchs sieht – bricht, so hört er nicht auf, nach dessen *Vor-gabe* zu suchen. Das hat ihn zu ausführlichen Forschungen auf dem Gebiet der Logik und ihrer Geschichte, sowie zu einem großen Einfallsreichtum in Theorie und Praxis geführt. Die Freiheiten, die er sich im Denken und Stil nimmt, führen zu einer definitiven Auseinandersetzung mit der Institution. Ohne sie angestrebt zu haben, hat er sie dennoch provoziert, d. h. letztlich hervorgerufen.

Dit-mension

»Nach« Lacan sieht die Situation nicht grundsätzlich anders als »nach« Freud aus. Das von ihm Errungene kann nämlich nicht als bereits »gegeben« angesehen werden, wie es einige tun möchten, sondern bedarf zu seiner Legitimierung einer erneuten Aneignung; ganz im Sinne des analytischen Prozesses. Nichts wird so weitergegeben, wie es ist, aufgrund eines für die Gabe konstitutiven Objektverlusts. Dies trifft gleichermaßen auf die Übertragung zu – der Sinnvielfalt des Wortes entsprechend –, unter deren »Rechtsprechung« sowohl die Sprache als auch die Tradition fallen: Beide gelten nur im *übertragenen* Sinn.

Progressiv gelingt es dem Analysanten, die verschiedenen Schichten der Übertragung zu differenzieren und zu durchqueren, die sich in seinem Sprechen entfalten, längst bevor er sie zu artikulieren vermag. Dazu ist es notwendig, dass der Analytiker ihm einen *angemessenen* Rahmen liefert, d. h. eine Kontinuität herstellt, aufgrund derer ihm die Diskontinuität, ja Diskretion eines Sprechens zu Ohren kommt, das vom Anderen stammt und das er als sein eigenes zu »erkennen« lernt. Das analytische »Erkennen« ist stets ein *An-erkennen* und *Wieder-erkennen*, das ein zeitliches Gefälle einführt und so ein Werden begründet, in dem die Analyse besteht.

Ihre Kunst besteht darin, ein *Maß* vorzugeben, das jedoch durch das Sprechen selbst unterwandert wird und so eine Dimension zum Vorschein bringt, die dem Analysanten zunächst völlig fremd und unverständlich erscheint oder der gegenüber er sich eher abweisend verhält; eine Dimension, die noch bevor er sie als die eigene *anzuerkennen* bereit ist, mit der mannigfaltigen Standardisierung der Sprache zu brechen beginnt. Es ist weniger eine Befreiung von den Sprachregeln, deren Determinierung er unterliegt, als das Erkennen ihres *Aus-maßes*. Es scheint sich dabei um die paradoxale Position eines Maßes zu handeln, das aus sich selbst heraus- oder hervortritt, das sozusagen aus den Fugen gerät, deren Fügung es selbst ist.

Fortan drängt sich dem Analysanten eine neue Dimension auf, die der Sprache *ent-spricht,* d. h. aus ihr spricht Lacan, versteht sie als *dit-mension*, zugleich Aufenthalt und Maß eines Sagens (*dire*), das aus diesem hervorgeht, hervortritt, ohne jedoch das Aus-maß der Sprache je erreichen zu können. Wenn man sich Gedanken über die »Vermessung der Welt«[15] macht, so wäre es ein Wahnwitz, jene der Sprache ins Auge fassen zu wollen, der sehr enge Grenzen gesetzt sind. An ihnen reibt und stößt sich der Analysant auf Schritt und Tritt; er bringt so in Erfahrung, dass er eben »nicht alles« sagen kann, auch wenn die »Grundregel« ihn dazu auffordert, »alles« zu sagen, was ihm in den Sinn kommt, d. h. seine »Einfälle« in »voller Aufrichtigkeit« und »kritiklos« mitzuteilen.

Freud legt uns nahe, die Grundregel so früh wie möglich zu formulieren. Sie konfrontiert den Analysanten mit dem Wesen der Sprache, d. h. mit ihren Grenzen, und verwandelt ihn so in einen »Grenzgänger des Grenzenlosen«[16]. Erstaunlich ist die Konstanz, mit welcher Freud auf die Grundregel zurückkommt, deren Formulierung sich in über 40 Jahren – von den *Studien über Hysterie* (1895) bis zum *Abriss der Psychoanalyse* (1938) – kaum geändert hat. Sie ist wie der rote Faden, der Freuds Werk durchzieht, und die verschiedenen, sich auf ihn beziehenden Orientierungen der Praxis untereinander verbindet.

Skandierung

Der Grundregel geht ein Vorschuss an Vertrauen (hebr. *emuna*) voraus, das dem analytischen Verfahren eine Basis verleiht. Was einigen wie ein

---

15 Nach dem Titel eines bekannten Romans: Kehlmann, D. (2005). Die Vermessung der Welt. Reinbek.
16 Heidegger, M. (1959). Unterwegs zur Sprache, a. a. O., S. 137.

»Glaubensbekenntnis« erscheint, erlaubt es Freud, vom Analysanten Unmögliches zu fordern, »... denn wir wollen von ihm nicht nur hören, was er weiß und vor anderen verbirgt, sondern er soll uns auch erzählen, was er nicht weiß.«[17] Die Grundregel überschreitet sozusagen die Grenzen ihrer Kompetenz, die Grenzen des Sag- und Wissbaren: im Vertrauen, darüber hinaus, andere Formen des Wissens und Sagens vorzufinden, die von der Sprache verborgen werden und nur in ihr geborgen werden können.

Wenn wir das Ausmaß der Sprache weder kennen noch ermessen können, so wäre es dennoch sinnlos, sie als *maß-los* zu bezeichnen; im Gegenteil ist sie ganz und gar von einem Maß durchdrungen, das sich in der Skandierung zeigt und zeitigt, das sie letztlich, als die allein maß-gebende Instanz, auch der Welt verleiht. Unverzichtbar ist der Hinweis auf die Zeit, die der Sprache innewohnt, die aus ihr spricht und wie aus dem Vollen schöpft; die Zeit, die sich nur einer Praxis des Sprechens eröffnet, in der die Psychoanalyse besteht, und die sie insbesondere mit der Dichtung teilt. Umso verständlicher und legitimer ist es, in ihr – von den ersten Intuitionen Freuds bis zu den letzten Formulierungen Lacans – die eigentliche Lehrmeisterin der Psychoanalyse zu sehen.

Der Skandierung kommt bei Lacan eine hervorragende Bedeutung zu; sie zeichnet die Praxis aus, die sich auf seinen Namen, seine Lehre bezieht und letzlich zum Bruch mit der Institution (der IPV) geführt hat. Er versteht sie als das Wesen der Deutung, weil sie einer Zeitdimension Rechnung trägt, die der Sprache innewohnt, die sprechend sozusagen aus ihr hervortritt und so alles Werden in der Analyse bedingt. Sie kann weder vorgegeben noch vorgeschrieben werden, sondern unterliegt dem *Logos*, im weiteren Sinn. Der Begriff der »logischen Zeit« ist demnach eine Kompromissbildung zwischen Logos und Zeit, Sprache und Skandierung, die sich wie eine Deutung auswirkt. Die Sprache ist ihre Skandierung. In ihr findet auch die Linguistik einen Bezugspunkt, ein Maß, das sie selbst jedoch weder festlegen noch je ganz erfassen oder ermessen kann.

Wenn der Ablauf einer Analyse, d. h. ihr Anfang und ihr Ende, durch eine, wie Lacan sagt, »logische Zeit« bestimmt ist, so gilt es, diese von der Skandierung aus zu denken. Sie führt einen Schnitt ein, der zu einem gegebenen, aber darum nicht minder präzisen – nach Freud: »überdeterminierten« – Augenblick gemacht werden kann. Logisch ist die Zeit, weil sie sich durch ein Moment des Schließens auszeichnet, das etwas zum Abschluss bringt und so dem Sprechen einen anderen Dreh verleiht. Es ist

---

17 Freud, S. (1941/1938). Abriß der Psychoanalyse. GW XVII, S. 99.

am Analytiker, ihn *wahr*zunehmen, weil der Analysant dazu nicht unbedingt in der Lage oder bereit ist; weil er das Andere, Neue am liebsten überhören möchte, um sich nicht darauf einlassen zu müssen oder um es, nach bekannten Mustern, in eine ihm geläufige Sprache zu übersetzen.

Die Skandierung fördert das Andere im Sprechen zutage, das sich nur in diesem ereignet, als das eigentlich *Maß*-gebende, worauf die Vorgespräche eine Art Vorbereitung sind. Viele sog. Therapien gehen nicht über dieses Stadium hinaus, das im Sammeln von Informationen, in der Erkundung des zunächst zugänglichen Materials besteht. Das verhindert nicht, dass in irgendeiner Therapieform unbewusste Elemente und die dazugehörigen Übertragungsphänomene auftreten können, die jedoch nur in einem analytischen Rahmen »adäquat« behandelt, d. h. auf ihre »Überdeterminierung« hin untersucht werden können.

Freud warnt ausdrücklich davor, die Bedeutung der »Überdeterminierung« im Seelischen zu unterschätzen. Sie zeugt von den unbewussten Vorgängen, der Bewertung, bzw. Umwertung des unbewussten Materials unter dem Einfluss der Zensur.[18] Er zögert nicht, in Anlehnung an Nietzsche, jedoch ohne ihn eigens zu nennen, von einer »Umwertung aller (psychischen) Werte«[19] zu sprechen. Etwas davon mitzuteilen bzw. mitzubekommen ist die beste Voraussetzung, eine Analyse beginnen und sie durchführen zu können.

Zeit-los

Immer wieder stoßen wir auf die zeitlichen Verhältnisse, die es richtig einzuschätzen gilt, trotz oder eben wegen des oft anhaltenden Drucks, der nicht nur vom Analysanten, sondern auch von seinem Umfeld ausgeht. »Die Frage nach der voraussichtlichen Dauer der Behandlung ist in Wahrheit kaum zu beantworten.«[20] Die Vorgespräche versuchen den angehenden Analysanten davon abzuhalten, »an die Analyse die maßlosesten Ansprüche zu stellen und ihr dabei die knappste Zeit einzuräumen«[21]; ihn

---

18 Freud, S. (1942/1900). Die Traumdeutung. GW II/III, S. 313.
19 Freud, S. (1942/1900). Die Traumdeutung, a. a. O., S. 335, 511, 520.
20 Freud, S. (1945/1913). Zur Einleitung der Behandlung, a. a. O., S. 460.
21 Freud, S. (1945/1913). Zur Einleitung der Behandlung, a. a. O., S. 460.

hingegen darauf vorzubereiten, dass es sich bei dieser Behandlungsmethode »immer um lange Zeiträume« (ebd., S. 462) handelt.

Es ist das, was man ihr auch heute noch vorwirft und der Grund, weshalb man ihr kürzere, »wirksamere« Techniken vorzieht oder entgegenhält. Ihre Zukunft aber besteht darin, dass sie zugleich Weg und Umweg einer anderen Zeit-*ditmension* ist, der *Zeit des Anderen*, auf dessen Sprechen es in der Analyse ankommt und in welcher der Analysant zu hören lernt. Einige, die ihre Analyse abkürzen wollen, sie gar abbrechen, kommen nach einiger Zeit oder Jahren wieder, um sie genau an dem Punkt wieder aufzugreifen, wo sie stehengeblieben waren. Dem Versuch der Abkürzung, »steht ... leider ein sehr bedeutsames Moment entgegen, die Langsamkeit, mit der sich tiefgreifende seelische Veränderungen vollziehen, in letzter Linie wohl, die ›Zeitlosigkeit‹ unserer unbewussten Vorgänge.«[22]

In welchem Verhältnis aber steht der zeitliche Ablauf der Analyse mit der von Freud statuierten Instanz der Zeitlosigkeit? Auch wenn wir keine genaue Antwort auf die Frage haben, so ahnen wir, dass es sich um einen wesentlichen Punkt, vielleicht das Rätsel handelt, dessen Lösung sich die Analyse vornimmt, wofür sie überhaupt erfunden wurde. Das analytische Denken unterliegt einer Dimension der Zeit, die sich auf keine partikulare oder lokale Zeitlichkeit reduzieren lässt, sondern sie durchquert und über sie hinausgeht, um sie zu verbinden und zugleich zu unterscheiden.

Zeit-los ist das Unbewusste, das uns *wie* ein Los erteilt wird, ein sehr menschliches, das uns, einen Jeden, in eine Zeit einschreibt – jenseits ihrer chronologischen, historischen, politischen Verfügung –, von der die Sprache spricht. Wenn die Sprache, als Trägerin, Überträgerin des Unbewussten, unser Los ist, so heißt das nichts weniger als dass wir es zu verantworten haben. Lacan sagt, dass man von einem gewissen Alter an für sein Unbewusstes verantwortlich ist. Ab wann? Es ist das Anliegen der Psychoanalyse sowie der von ihr übermittelten Ethik. Vom Analytiker darf man erwarten, dass er sich mit ihr beschäftigt, umso mehr, als seine »Technik« in ihr einen Ausgangs- und Anhaltspunkt findet. Die Zeit ist unsere Zukunft und unser Los, weil *es* sich in ihr entscheidet.

---

22 Freud, S. (1945/1913). Zur Einleitung der Behandlung, a. a. O., S. 462.

3

Zur Theorie und Klinik der Neurosen

Kai Hammermeister

Bereits im Jahre 1980 verabschiedete die dritte Auflage des von der *American Psychiatric Association* herausgegebenen *Diagnostic and Statistical Manual of Mental Disorders (DSM-III)* den Begriff der Neurose als für die zeitgenössische Nosologie unzureichend. An die Stelle der wenigen Unterkategorien der klassischen Neurosediagnose wurde eine mit jeder Auflage des Manuals stark zunehmende Anzahl von »Störungen« gesetzt, so dass sich neurotische Krankheitsbilder unter Rubriken wie Persönlichkeits-, Anpassungs- und Somatisierungsstörungen wiederfinden (jeweils grob vergleichbar mit Charakterneurose, Aktualneurose und Hysterie), wobei es sich bei den jeweiligen hinzukommenden Störungen gewöhnlich nur um eine neue Gruppierung von Symptomen handelt.[23] Es liegt bei

---

23 Ohne hier eine detaillierte Kritik der Diagnostik der Standardmanuale *International Classification of Diseases (ICD)* und *DSM* liefern zu können, sei dennoch kurz darauf verwiesen, dass erhebliche Abweichungen zwischen beiden Klassifikations-

dieser nosographischen Umwertung jedoch nicht einfach eine quantitative Multiplikation von Krankheitsbildern vor, sondern vielmehr eine tiefgreifende qualitative Umwertung der diagnostischen Kriterien und damit auch ein Angriff auf die klinische Validität der Psychoanalyse, die ohne den Befund der Neurose weder als theoretisches Modell noch als therapeutische Praxis überlebensfähig ist. Aus psychoanalytischer Perspektive muss die Austreibung des Neurosebegriffs aus der Diagnostik allerdings nicht nur als ein Angriff auf eine weltanschaulich unliebsame Schule begriffen werden, sondern als ein Verlust nosographischer Substanz, der aus einer fatalen Verwechselung von Struktur und Symptom resultiert. Die Psychoanalyse beharrt darauf, dass aus wenigen psychischen Grundstrukturen eine Vielfalt von Syndromen hervorgehen kann, die sich nicht selten auch im klinischen Einzelfall im Verlauf der Lebensgeschichte und selbst der Therapie wandeln, ohne damit die Konstanz der basalen Struktur anzutas-

---

systemen bestehen. Diese lassen sich wahrscheinlich auf eine unterschiedliche Interessen- und Einflusslage insbesondere der pharmazeutischen Lobby in den verschiedenen Regionen, in denen die Manuale zum Einsatz kommen, zurückführen. So wird etwa das Attention Deficit Hyperactivity Syndrome (ADHS) nach *DSM-IV* doppelt so häufig diagnostiziert wie nach *ICD-10*, da Letzteres als Symptomkonstellation sowohl Konzentrationsstörungen wie Hyperaktivität verlangt, Ersteres nur eines von beiden. Für den Psychologen und Psychoanalytiker Paul Verhaeghe resultiert eine solche klinische Konfusion aus der Orientierung am Symptom auf medizinischer Seite und aus dem Einfluss der Pharmalobby auf der ökonomischen. »Die Wahl eines bestimmten Handbuchs entscheidet also darüber, ob Ihr Kind gestört ist oder nicht und, nicht zu vergessen, ob es Arzneimittel schlucken muss oder nicht. Wissenschaftlich betrachtet ist das, gelinde ausgedrückt, bizarr. Obendrein werden die Kriterien regelmäßig geändert, was übrigens stets auf eine Erweiterung hinausläuft und dazu führt, dass die betreffenden Kategorien immer schwammiger werden und immer mehr Menschen Medikamente erhalten.« Bezugnehmend auf Christopher Lanes überaus interessante, aber eher journalistische und bisweilen wissenschaftlich unpräzise Studie *Shyness. How Normal Behavior became a Sickness* (New Haven/London, 2007) folgert Paul Verhaeghe: »Das Ergebnis seiner Untersuchung ist schlichtweg niederschmetternd: Die Frage, ob und in welcher Form eine Störung in das Handbuch aufgenommen wird oder nicht, hängt mehr von den Interessengruppen als von wissenschaftlichen Aspekten ab.« Damit wird Diagnostik aber nicht nur zum Spielball von Interessengruppen, sondern auch zum Instrument gesellschaftlicher Disziplinierung: »Ich erdreiste mich, diese Argumentation verallgemeinernd auf die Mehrheit der DSM-Diagnosen zu beziehen: Sie sind vor allem sozial normierend.« (Verhaege, 2013. *Und Ich? Identität in einer durchökonomisierten Gesellschaft.* München, S. 195.)

ten.²⁴ Aus der Fluidität von Symptomen und deren Ballung zu Syndromen lässt sich somit keine Notwendigkeit neuer Krankheitsbilder ableiten. Manifeste Neurosen sind immer auch Modeerscheinungen.

Wesentliche Bewegung psychoanalytischer Diagnostik ist die von der deskriptiven und ordnenden Ebene der Symptome und deren Konstellationen hin zu der produktiven Ebene der psychischen Struktur. Ebenso richtet sich jede therapeutische Intervention auf die Umstrukturierung letzterer und nimmt Abstand von der vorschnellen Behandlung der Symptome. Vielmehr ist deren kontinuierliche Präsenz während der Kur oftmals gewünscht, um die subjektive Motivation zur analytischen Arbeit aufrechtzuerhalten. »Wir müssen, so grausam es klingt, dafür sorgen, daß das Leiden des Kranken in irgendeinem wirksamen Maße kein vorzeitiges Ende finde. Wenn es durch die Zersetzung und Entwertung der Symptome ermäßigt worden ist, müssen wir es irgendwo anders als eine empfindliche Entbehrung wieder aufrichten, sonst laufen wir Gefahr, niemals mehr als bescheidene und nicht haltbare Besserungen zu erreichen.«²⁵

Weder die Diagnose noch die Therapie finden in der psychoanalytischen Kur also auf der Ebene der Symptome statt. Eine Besserung des Leidens, das die Symptome hervorruft, ergibt sich in der Psychoanalyse eher *en passant* und nur seltenst als Resultat einer auf das Symptom abzielenden Intervention.

Eine erste Teildefinition versteht die Neurose folglich als eine psychische Struktur, die Symptome produzieren kann, wobei Letztere bei Beibehaltung der Struktur sowohl als Resultat einer individuellen Wahl als auch als umformbar verstanden werden müssen. Die Entstehung solcher Struktur wie auch deren Funktion im psychischen Apparat des Subjekts wird später weiter auszuführen sein.

Lacans Theorie der Neurose koppelt Freuds klinische Nosographie mit einer Theorie der Sexuierung, d. h. der Reflexion darüber, wie psycho-

---

24 Ähnlich argumentiert Stavros Mentzos in seinem Standardwerk *Neurotische Konfliktverarbeitung*: »Das klinische Bild, die relativ oberflächliche Schicht der neurotischen Störung, wird direkt nicht etwa von dem zugrundeliegenden Konflikt beherrscht, sondern von den Reaktionen darauf.« (Mentzos, 1984. *Neurotische Konfliktverarbeitung. Einführung in die psychoanalytische Neurosenlehre unter Berücksichtigung neuer Perspektiven*. Frankfurt a. M., S. 134.) Mentzos' Begriff der »neurotischen Störung« nähert ihn allerdings bereits den Standardwerken klinischer Klassifikation an.

25 Freud, S. (1947/1919). Wege der psychoanalytischen Therapie. GW XII, S. 188.

sexuelle Positionen zur Verfügung gestellt und vom Subjekt übernommen werden. Die neurotische Struktur wird dabei überlagert von der Geschlechtlichkeit, so dass der Grundtyp des Neurotikers sich bei Lacan aufspaltet in den neurotischen Mann als Zwangsneurotiker und die neurotische Frau als Hysterikerin. Das stellt einerseits eine Reduzierung des Freud'schen Modells dar (besser: der Freud'schen Modelle), andererseits knüpft es die Neurose untrennbar an das Begehren, woraus bereits ersichtlich wird, dass es sich bei der Neurose nicht um eine Pathologie des Subjekts handelt, sondern um dessen unvermeidliche Struktur, die aus der Bewegung des Begehrens resultiert. Um diese Trias aus Neurose, Sexuierung und Begehren zu verstehen, ist es hilfreich, zuvor kurz Freuds Neurosentheorie in vereinfachter Form zu rekapitulieren.

Im Zusammenhang seiner zusammen mit Josef Breuer unternommenen *Studien über Hysterie* postuliert Freud in den Jahren nach 1893, dass die organisch befundlosen hysterischen Symptome hauptsächlich aus einem verdrängten Konflikt resultieren, dessen Wurzeln in der Kindheit liegen. So kommen er und Breuer zu der bekannten Schlussfolgerung: »Der Hysterische leidet größtenteils an Reminiszenzen.«[26] Nach 1895 wird die Hysterie sogar zum Modell der neurotischen Erkrankung, deren Genese Freud zunächst mit der sogenannten Verführungstheorie erklärt, d. h. dem Postulat, dass die Hysterikerin in der Kindheit Opfer einer sexuellen Verführung durch erwachsene Personen ihrer Umgebung geworden war. Nach 1897 wird diese Theorie als unhaltbar aufgegeben und durch die Konflikttheorie ersetzt, derzufolge das Symptom eine Kompromissbildung darstellt und aus der Abwehr der Angst resultiert, die durch die mögliche Verwirklichung oder auch nur die Anerkennung eines verdrängten Wunsches resultiert. Aus einer Perspektive lässt sich somit konstatieren, »daß neurotische Abwehrvorgänge, neurotische Symptome und Charaktere also zwar verfehlte, aber trotz allem oft respektable adaptive Ich-Leistungen sind.«[27]

Im Zusammenhang mit der Entwicklung seiner zweiten Topik, die dem psychischen Apparat ein Drei-Instanzen-Modell zugrunde legt, formuliert Freud berühmtermaßen in dem kurzen Essay *Neurose und Psychose*: »die Neurose sei der Erfolg eines Konflikts zwischen dem Ich und seinem Es,

---

26 Freud, S. & Breuer, J. (1952/1895). Studien über Hysterie. GW I, S. 86.
27 Mentzos, S. (1984). Neurotische Konfliktverarbeitung, a. a. O., S. 19.

die Psychose aber der analoge Ausgang einer solchen Störung in den Beziehungen zwischen Ich und Außenwelt.«[28]

Freud selbst begrenzt allerdings den Neurosenbegriff nicht auf solche psychischen Erkrankungen, denen ein Konflikt zugrunde liegt, sondern gruppiert unter ihm auch Aktualneurosen (zumeist somatische Dysfunktionalitäten der Sexualität), traumatische Neurosen, narzisstische Neurosen (heute zumeist als manisch-depressive Psychose gefasst) und Charakterneurosen. Die psychoanalytische Tradition hingegen klammerte diese Varianten des Neurosebegriffs schnell aus und machte den Konflikt zwischen psychischen Instanzen zur Vorbedingung der Diagnose. Im Wesentlichen blieben damit die Hysterie, die Zwangsneurose und die Phobie als Unterkategorien der Neurose bestehen, nach außen wurde die Neurose von der Perversion und der Psychose abgegrenzt.

Holzschnittartig vereinfacht handelt es sich bei der Hysterie für Freud um eine Übersetzung des Verdrängten in eine Körpersprache (Konversion), wobei es zugleich stumm bleibt und einen Ausdruck findet. Schon in den frühen *Drei Abhandlungen zur Sexualtheorie* kommt er zu dem Schluss: »die Symptome sind (…) die Sexualbetätigung der Kranken.«[29] Zur eigentlichen Sexualbetätigung kann es nämlich aufgrund einer übergroßen Sexualablehnung nicht kommen, zumal die abgelehnten Triebe oftmals den Charakter der Perversion tragen. »Die Symptome bilden sich also zum Teil auf Kosten abnormer Sexualität; die Neurose ist sozusagen das Negativ der Perversion.«[30] In Anlehnung an Freuds Begriff der Neurosenwahl ließe sich hier also spekulieren, dass eine Entscheidung zwischen Neurose und Perversion aufgrund von Charakterzügen wie Mut und Risikobereitschaft getroffen wird, gemäß denen eine Akzeptanz oder Verdrängung perverser Triebimpulse erforderlich scheint.

Das Gegenbild zur Hysterie mit ihrer Inszenierung der Symptome bildet die Zwangsneurose, die durch Kontrolle, Strenge, Rigidität und der Phantasie radikaler Planbarkeit charakterisiert ist. Eine ursprüngliche Angst vor Bestrafung, hervorgerufen durch ein zurückgewiesenes Unabhängigkeitsstreben des Kindes, verwandelt sich in ein Schuldgefühl. Nur die Einhaltung strikter Rituale kann die Kontrolle inakzeptabler Triebimpulse leisten und zugleich ein hypertrophes Über-Ich eindämmen.

---

28 Freud, S. (1940/1924). Neurose und Psychose. GW XIII, S. 387.
29 Freud, S. (1942/1905). Drei Abhandlungen zur Sexualtheorie. GW V, S. 63.
30 Freud, S. (1942/1905). Drei Abhandlungen zur Sexualtheorie, a. a. O., S. 65.

Der Mechanismus der neurotischen Phobie besteht in der Verschiebung einer ursprünglichen Angst, oftmals vor der Kastration, auf ein banales Objekt. Dazu wird zuerst die konkrete Furcht verdrängt, woraus eine diffuse Angst erwächst. Da diese aber weder lokalisierbar noch zeitlich begrenzbar ist, wird ein künstliches Furchtobjekt erschaffen, das in der Umwelt geortet und somit nötigenfalls auch vermieden werden kann.

Auf der Folie dieser Minimaldefinitionen der Freud'schen Neurosekategorien können wir uns im Folgenden den Umarbeitungen Lacans zuwenden.

Leitfaden für eine Annäherung an die Neurosenlehre Lacans bilden folgende Thesen:

1. Die Neurose ist nicht primär ein klinisches Phänomen, noch viel weniger ein pathologisches, das sich als Krankheitsbild oder Syndrom erfassen ließe, sondern *sie ist eine Struktur*, d. h. genau diejenige psychische Struktur, die durch Verdrängung entsteht.
2. Die Neurose steht neben den Strukturen der Psychose und der Perversion, die durch andere Auswege aus dem ödipalen Drama und seiner Triangulierung inauguriert werden. Grundlage jeder psychoanalytischen Diagnose nach Lacan ist die Zuordnung zu einer dieser drei Strukturen (der Grenzfall der Borderline-Störung, die Michael Meyer zum Wischen in einem eigenen Kapitel aus Lacan'scher Perspektive behandelt, unterminiert diese Dreiteilung nicht, sondern bestätigt sie). *Die korrekte Erkennung der psychischen Struktur ist von fundamentaler Bedeutung für die Behandlungstechnik.*
3. Die Neurose ist keine pathologische Umformung einer vermeintlich »normalen« Struktur, sondern *sie selbst ist der Normalfall*. Die Neurose ist jener Lösungsweg der ödipalen Krise (Lösung verstanden sowohl als *Ablösung* von der Mutter als auch als *Einsicht* in das Rätsel ihres Begehrens), der sich aus dem psychischen Mechanismus der Verdrängung ergibt. (»Eine Neurose ohne Ödipus, das gibt es nicht.«[31])
4. Es gibt für Lacan nicht nur eine Neurosenwahl, sondern noch grundlegender eine Wahl der psychischen Struktur, die sich aus dem jeweiligen Verhältnis zur Sprache, d. h. zum Signifikanten ergibt. Wo es etwa zur Verweigerung der Übernahme des väterlichen Signifikanten kommt, resultiert daraus eine psychotische Struktur. (Es soll hier nur am Rande

---

31 Lacan, J. (2016/1955f.). Das Seminar. Buch III: Die Psychosen, Wien, S. 238.

auf eine gewisse logische Schwierigkeit dieses Modells hingewiesen werden, dem zufolge letztlich eine rudimentäre Struktur bereits vor der Wahl existieren müsste, um die Entscheidung über das jeweilige Verhältnis zum Signifikanten anzuleiten. Eine Wahl kann nur aufgrund existierender Orientierungen vorgenommen werden, andernfalls ist sie keine solche, sondern zufällige Zuweisung. Wenn aber solche primären Präferenzen existieren, so sind sie, auch und gerade als prä-linguistische, erklärungsbedürftig. Es ist also nicht ausgeschlossen, dass vererbte basale Charakterstrukturen existieren, denen gemäß die ödipale Krise einer Lösung zugeführt wird, die auch die jeweilige Integration des väterlichen Signifikanten bestimmt.)
5. Auch innerhalb der neurotischen Struktur muss eine Wahl getroffen werden. Im Wesentlichen handelt es sich hierbei um die Zustimmung zum oder die Ablehnung des angebotenen Sexuierungsmodells. Hinter jeder manifesten Hysterie oder Obsession steht folglich eine zweifache Wahl, von denen die erste in die Neurose hineinführt und die zweite innerhalb der Neurose positioniert. Selbst die Zwangsneurose legt damit noch Zeugnis ab von der freiesten verfügbaren psychischen Struktur.
6. Das Resultat der doppelten Wahl ist beim Neurotiker jedoch nicht ein Gefühl der Sicherheit und Entschiedenheit, sondern vielmehr Unsicherheit. (»Die Struktur einer Neurose ist wesentlich eine Frage.«[32]) Diese bezieht sich zuerst einmal auf das eigene Begehren, das als verwirrend oder gänzlich unbekannt erlebt wird. Aber auch die eigene Lust unterliegt permanentem Zweifel; was genau es ist, das erregt, bleibt dem Neurotiker zumeist verborgen. Daraus ergibt sich die Tendenz, die eigene Lust weniger in der Realität befriedigen zu wollen, sondern sich stattdessen auf die Fantasie zurückzuziehen, die zwar letztlich auch unbekannt ist, aber ungleich weniger verwirrend als die Interaktionen mit anderen.

Die Grundlage der neurotischen Struktur ist die Verdrängung. Durch diesen Mechanismus entsteht überhaupt erst das Unbewusste, und er kommt immer dann wieder zur Anwendung, wenn im Konflikt zwischen der Befriedigung eines aus dem Unbewussten heraus agierenden Triebes und einer damit einhergehenden antizipierten Unlust, die sich durch die Verletzung konkurrierender Forderungen ergibt, die Entscheidung gegen die Triebbefriedigung fällt. Der Trieb wird unter Aufwand psychischer Energien unbewusst gehalten.

---

32 Lacan, J. (2016/1955f.). Das Seminar. Buch III: Die Psychosen, a. a. O., S. 206.

Lacan betont unaufhörlich, dass es sich bei den verdrängten Gehalten des Unbewussten nicht um Wahrnehmungen oder Affekte handelt, sondern vielmehr um deren gedankliche Repräsentationen. Das Unbewusste besteht somit aus Gedanken, d. h. aus Sprache. Was hier spricht, ist nicht das Ich der Kontrolle, sondern das Subjekt. »Im aus dem System des Ich ausgeschlossenen Unbewußten spricht das Subjekt.«[33] Kurzum, »das Unbewußte ist eine Sprache.«[34]

Teil des Wesens der Sprache ist es, sich an einen Anderen zu wenden. Nur im wahnsinnigen Sprechen wird dieser Bezug aufgegeben, »im wahnsinnigen Sprechen ist der Andere wahrhaftig ausgeschlossen«.[35] In der Neurose hingegen spricht das Unbewusste sich aus, um den Anderen anzusprechen. »Was ist die Verdrängung für den Neurotiker? Es ist eine Sprache, eine andere Sprache, die er mit seinen Symptomen fabriziert, das heißt, wenn es ein Hysteriker ist oder ein Zwangsneurotiker, mit der imaginären Dialektik von ihm und vom Anderen. Das neurotische Symptom spielt die Rolle der Sprache, die die Verdrängung auszudrücken erlaubt.«[36]

Für die Klinik ist es wichtig festzuhalten, dass in der Verdrängung Gedanke und Gefühl, die aus demselben Trieb resultieren, voneinander getrennt werden. Die Wiederkehr des Verdrängten vollzieht sich somit gerade nicht im Sprachlichen, oftmals aber im Affektiven. Der neurotische Patient leidet an Gefühlen, deren Ursprung ihm aufgrund der Abspaltung der gedanklichen Triebkomponente unklar bleiben muss. Wenn aber im Verlauf der Kur der Analytiker in die Rolle des Anderen eingesetzt wird, an den sich die Sprache der Symptome wendet, so ist es möglich, zuerst in der Erfahrung der Übertragung, später in deren Durcharbeitung, Gefühl und Gedanke wieder zusammenzubringen.

Wurde bislang vom Neurotiker im Singular gesprochen, so ist es nun an der Zeit, innerhalb der neurotischen Struktur Differenzierungen vorzunehmen. Denn das Verhältnis zum Anderen, das die Struktur von Hysterie und Obsession bestimmt, ist ein fundamental anderes in beiden Fällen. Das wirkt sich auch auf die Symptomformation aus; vereinfacht und for-

---

33 Lacan, J. (2015/1954f.). Das Seminar. Buch II: Das Ich in der Theorie Freuds. Wien, S. 79.
34 Lacan, J. (2016/1955f.). Das Seminar. Buch III: Die Psychosen, a. a. O., S. 19. Diese Aussage findet sich an unzähligen Stellen in den Seminaren.
35 Lacan, J. (2016/1955f.). Das Seminar. Buch III: Die Psychosen, a. a. O., S. 65.
36 Lacan, J. (2016/1955f.). Das Seminar. Buch III: Die Psychosen, a. a. O., S. 74.

melhaft ausgedrückt kehrt das Verdrängte für den Hysteriker im Körper zurück, wohingegen der Zwangsneurotiker seine Symptome als vorrangig geistige anlegt.

Für Lacan unterscheiden sich die Hysterikerin und der Zwangsneurotiker zunächst einmal in ihrer jeweiligen Beziehung zum Anderen, was durch das Begehren vermittelt ist. Grund dieses Begehrens ist *l'objet petit a* (*a* steht für *autre*, der andere, der sich zu mir in keiner wesentlichen Differenz befindet). Der Andere (mit Majuskel) hingegen lässt sich nicht an mich angleichen, bleibt unüberwindbar fremd und initiiert, zuerst in Gestalt der Mutter, dann in der des Vaters, Brüche in meiner Existenz, die genauso notwendig wie schmerzhaft sind. Der Neurotiker muss nun die Beziehung seines Begehrens zum Anderen auf eine fundamentale Weise etablieren, um seine vielfältigen Interaktionen mit der Welt verlässlich, wenn auch keinesfalls befriedigend, strukturieren zu können. Grundsätzlich ist die Frage, ob *l'object petit a* dem Subjekt oder dem Anderen zugeschlagen wird, das heißt letztlich, ob eine narzisstische Position verstärkt oder aufgegeben wird.

Die Hysterikerin vermeint, kein Anrecht auf das Objekt des Begehrens zu haben und eliminiert folglich ihr eigenes Begehren. An dessen Stelle setzt sie das Begehren des Anderen, das sie zu erraten sucht. Mehr noch, sie will dessen Begehren erfüllen, indem sie sich selbst zu dessen *objet petit a* macht. Anders dagegen der Obsessive. Er weigert sich, eine Beziehung zwischen Begehren und Anderem zu akzeptieren und nimmt folglich *l'objet petit a* ganz in den Bereich des Subjekts zurück. Der Andere und sein Einfluss sollen damit ausgeschaltet werden; übrig bleibt allein der Zwangsneurotiker. Lacan schreibt über diese beiden Positionen: »Man findet dann davon (in der Neurose, K. H.) die beiden Glieder gleichsam auseinandergebrochen vor: das eine beim Zwangsneurotiker, insofern er das Begehren des Anderen verleugnet, wenn er sein Phantasma ausbildet, um das Unmögliche des Verschwindens des Subjekts zu betonen; das andere bei der Hysterischen, insofern das Begehren sich darin nur durch die Unbefriedigung aufrechterhält, die man darin einbringt, indem man sich darin als Objekt entzieht.«[37]

Lacan verbindet diese beiden Grundtypen der Neurose mit der Sexuierung, also der Art, eine Position als Mann oder Frau einzunehmen. Die männliche Position wird der Obsession zugeordnet, die weibliche der Hys-

---

37 Lacan, J. (2015/1966). Subversion des Subjekts und Dialektik des Begehrens im Freud'schen Unbewußten. In Schriften II. Wien, S. 363.

terie. Letztere Verbindung wird aber bereits wieder dadurch in Frage gestellt, dass es das Wesen des Weiblichen ist, nicht zu wissen, ob es männlich oder weiblich ist. Und tatsächlich ist das Weibliche eben auch nicht weiblich, da ihm letztlich keine eigene Position zugeordnet werden kann. Der Grund hierfür ist, dass die Hysterikerin immer das Begehren des Anderen in den Vordergrund stellt. Mit ihm identifiziert sie das eigene Begehren, woraus sich ein Wechsel der Positionen ergibt. Die Hysterikerin begehrt aus der Position des Anderen, letztlich also aus der des Mannes heraus. Ihr weibliches Begehren ist ein männliches. Genau darum fragt sie sich ständig: »Bin ich eine Frau oder ein Mann?« Durch die Angleichung an das Begehren des Mannes wird sie jedoch nicht einfach zum Instrument des männlichen Begehrens, denn die Hysterie sperrt sich genau gegen diese Vereinnahmung. Die Hysterikerin will zwar Objekt des Begehrens des Mannes sein, aber nicht Instrument zu dessen *jouissance*. Der Mann soll sie begehren, aber dieses Begehren soll keine Erfüllung an/in ihr finden. (Am Rande sei angemerkt, dass es die Position des Perversen charakterisiert, beides zu wollen, nämlich sowohl Objekt des Begehrens des Anderen zu sein wie auch das Instrument zu dessen Erfüllung. Hieraus resultiert einerseits eine große innerliche Übereinstimmung mit sich selbst, also minimales Konfliktmaterial, andererseits ebenso große *jouissance* im Ausleben der Perversion. Mentalhygienisch gesehen liegt das Glück in der Perversion.)

Umgekehrt verhält es sich für den Zwangsneurotiker. Er sucht primär die Unabhängigkeit vom Anderen, dessen Begehren er auslöschen will. Da der Andere sich aber bereits immer schon in sein Unbewusstes eingeschrieben hat, ist dieser Versuch der Unabhängigkeit nur um den Preis der Leugnung des Unbewussten zu unternehmen. Der Obsessive stützt seine Existenz umso mehr auf das Denken und das Bewusstsein, leugnet Primärprozesse um der Sekundärprozesse willen. Lebendigkeit ist für ihn an das Denken gekoppelt; »Ich bin nur dort, wo ich denke«, so lässt sich Descartes mit Lacan zwangsneurotisch verstehen. Das Begehren wird in der Obsession zur Unmöglichkeit, da seine Zulassung dem Anderen Macht über das Subjekt einräumen würde. Der Andere aber soll getötet werden, was letztlich nur zu erreichen ist, wenn er sich selbst tötet. »Nicht für sich selbst noch wirklich ist er tot. Er ist tot für wen? Für den, der sein Herr ist. Und in bezug worauf? In bezug auf das Objekt seines Genusses. Er löscht seinen Genuß aus, um nicht den Zorn seines Herrn zu erregen. Aber anderseits, wenn er tot ist oder sich tot stellt, dann ist er nicht mehr da, dann ist es ein anderer als er, der einen Herrn hat, und umgekehrt hat er selbst einen anderen Herrn. Folglich ist er immer anderswo.«[38]

Letztlich ist diese Inszenierung des Todes aber immer (auch) Schauspiel, das insbesondere in der Analyse für den Analytiker aufgeführt wird. »Was ist ein Zwangskranker? Alles in allem ist das ein Schauspieler (*acteur*), der seine Rolle spielt und einige Akte (*actes*) so mit Sicherungen unterlegt, als ob er tot wäre. Mit dem Spiel, dem er sich hingibt, schützt er sich in gewisser Weise vor dem Tod. Es ist ein lebendiges Spiel, mit dem gezeigt werden soll, daß er unverwundbar ist.«[39]

In der Sexualität findet das darin seinen Ausdruck, dass der Zwangsneurotiker stets der Masturbation den Vorrang vor dem Geschlechtsverkehr einräumt – selbst da, wo er Geschlechtsverkehr hat. Die Partnerin ist nämlich nur Instrument zur eigenen Lustgewinnung und ist als solche austauschbar. Um die Bedeutung der Partnerin für die eigene Lust noch mehr zu schwächen, stellt sich der Zwangsneurotiker oft eine andere Partnerin vor als die, mit der er gerade Sex hat. Umgekehrt verleugnet die Hysterikerin das eigene Begehren dahingehend, dass sie sich während des Geschlechtsverkehrs als eine andere fantasiert.

Aus diesem kurzen Abriss wird schnell ersichtlich, was es mit Lacans berühmten Diktum auf sich hat, dass es keine sexuelle Beziehung gebe. Denn augenscheinlich sind die Positionen der Hysterikerin und des Zwangsneurotikers nicht darauf angelegt, das jeweilige Begehren des anderen zu erfüllen. Jede Paartherapie, die auf die Verbesserung des guten Willens, der Kommunikationsfähigkeiten oder sexuellen Kompetenz abgestellt ist, verleugnet aber damit die neurotischen Strukturen des Unbewussten und desavouiert sich selbst.

Ohne hier allzu spitzfindig werden zu wollen, ist aber doch darauf hinzuweisen, dass es auf einer höheren Ebene womöglich doch eine gegenseitige Erfüllung der Begehren gibt, die natürlich nicht direkt geschieht, sondern neurotisch verschlungen. Es ist eine Erfüllung, die die Enttäuschung, die Verweigerung und die Isolation in sich trägt, ohne von diesen gänzlich ausgefüllt zu werden. Es handelt sich eher um eine Aufhebung im dialektischen Sinn, in der die Inkompatibilität erhalten bleibt, aber dennoch genug Befriedigung vorhanden ist, um es weiterhin miteinander zu versuchen. Denn wenn der Obsessive sich eine Andere im Bett vorstellt und die Hysterikerin eine Andere sein will, dann ergibt sich hieraus natürlich eine mehr oder minder gut gelingende Kooperation. Genauso verhält es sich,

---
38 Lacan, J. (2015/1954f.). Das Seminar. Buch II: Das Ich in der Theorie Freuds und in der Technik der Psychoanalyse. Wien, S. 342.
39 Lacan, J. (2003/1956f.). Das Seminar. Buch IV: Die Objektbeziehung. Wien, S. 29.

wenn die Hysterikerin sich weigert, zur *jouissance* des anderen beizutragen, der aber ohnehin von ihrer Gegenwart in seiner masturbatorischen Fantasie gestört ist. Indem beide sich dem Begehren des anderen versperren, geben sie wiederum das, was sie behalten wollten. Neurotische Sexualität ist die Erfüllung des Unerfülltseins.

Klinisch unterscheidet sich die Behandlungstechnik für Hysterie und Obsession. Während es in der Hysterikerin die Tendenz gibt, einen Analytiker aufzusuchen, nicht zuletzt, um ihn zum Publikum ihrer Symptomaufführungen zu machen, verhält sich der Zwangsneurotiker zumeist ablehnend der Option einer Analyse gegenüber, gemäß seiner unausgesetzten Versuche, die Existenz des Anderen zu eliminieren. Diesen fundamental verschiedenen Erwartungshaltungen muss der Analytiker in seinen Interventionen Rechnung tragen.

Die Hysterikerin erwartet vom Analytiker alle Antworten auf ihre Fragen und Probleme. Diese Haltung resultiert aus der spezifischen Weise, wie ihre ödipale Konstellation gelöst wurde. Während der ödipalen Phase wird der undifferenziert Andere in einen ersten Anderen, die Mutter, und einen zweiten Anderen, den Vater, aufgespalten oder verdoppelt. Daraus resultiert nicht bloß die Etablierung der sexuellen Differenz, sondern auch eine Forderungshaltung gegenüber dem Wissen auf Seiten des kindlichen Subjekts. Frustriert von der Mutter, deren Begehren dem Kind ein Rätsel bleibt, wendet es sich an den Vater, der nun die fehlenden Antworten beisteuern soll, um die eigene Spaltung rückgängig zu machen. Dieser Anspruch wird auf den Analytiker übertragen. Dessen grundsätzliche Haltung muss es sein, ihn zu frustrieren und zu umgehen, denn andernfalls verfestigt sich genau jene ödipale Grundstruktur, die den hysterischen Diskurs fundiert, und die Therapie tritt auf der Stelle. In der Analyse wie im Leben wird die Hysterikerin versuchen, eine Verschmelzung mit dem Anderen zu erreichen, indem sie alles in sich hineinnimmt, was von ihm ausgeht. Da dies aber nie genug ist, nie genug an Liebe, Information, Zeit und so weiter, ist der Hysterie die Tendenz zur unendlichen Analyse eingeschrieben. Dem Anspruch auf Verschmelzung mit dem Analytiker wird von dessen Seite durch verschiedene Techniken entgegengetreten werden: durch die Verweigerung von Erklärungen, durch sorgsame Verhüllung des eigenen Begehrens und durch die frühzeitige Verlagerung der Sitzungen auf die Couch. Diese nämlich, indem sie den Analytiker für die Analysantin zum Verschwinden bringt, unterbindet die Fantasie der Verschmelzung. Der Andere existiert, bleibt aber außerhalb des Gesichtsfeldes, separat, in unklarer Distanz.

Der Zwangsneurotiker, den nur eine übergroße Angst, die nicht länger mit Ritualen einzudämmen ist, in die Analyse treibt, ist nur allzu begierig, vom Sessel auf die Couch zu entkommen. (Einer meiner Patienten fragte mich bei unserem zweiten Treffen gleich nach dem Handschlag: »Soll ich mich jetzt auf die Couch legen?« Die Frage hat für mich den diagnostischen Prozess erheblich abgekürzt.) Im Liegen nämlich kann er die Anwesenheit des Analytikers vergessen und sich wieder ganz auf sich selbst zurückziehen. Als Analytiker wird man folglich dahin tendieren, seine eigene Präsenz erst solide zu etablieren, bevor man den Obsessiven bittet, sich hinzulegen. Diese Präsenz besteht insbesondere darin, dem Analysanten die Existenz eines Begehrens unabhängig von seinem eigenen vor Augen zu führen. Der Analytiker setzt hierzu natürlich nicht sein eigenes, privates Begehren ein, sondern das seiner Funktion, das heißt das Begehren des Analytikers, welches sich ausschließlich auf den Fortgang der Analyse richtet. Überspitzt gesagt handelt es sich also darum, den Zwangsneurotiker zu hysterisieren und der Hysterikerin Obsession einzupflanzen.

Zum Schluss seien noch kurz einige Bemerkungen zur Phobie angefügt, die für Lacan den Übergang von den Neurosen zur Perversion markiert, ähnlich, wie das Borderline-Syndrom an der Grenze von Neurose und Psychose angesiedelt ist. In der Perversion wird das allzu schwache väterliche Gesetz durch eigene Regeln ersetzt, wohingegen in der Phobie das Angstobjekt an die Stelle des schwächlichen Vaters gesetzt wird, damit es zu einer Lösung des Ödipus kommen kann. Denn für die Phobie ist es grundlegend, dass eine Trennung von der Mutter in der ödipalen Konstellation sehr schwierig ist, da die Intervention des Vaters ungenügend stark ausfällt. Ein allzu liebevoller Vater, so wird sich zeigen, provoziert die Angsthysterie als Alternative zur regulären ödipalen Triangulierung. Das phobische Objekt dient letztlich also dazu, den Namen-des-Vaters zu stützen.

Freud selbst handelt dies paradigmatisch in seiner Fallbeschreibung des »kleinen Hans« ab, die er unter dem Titel *Analyse der Phobie eines 5-jährigen Knaben* veröffentlicht.[40] Hierin führt er aus, dass die gesteigerte Zuneigung zur Mutter in eine generelle Angst umschlägt, die auch durch die Erfüllung des Zuneigungswunsches nicht mehr aufgehoben werden würde. Die generelle Angst wiederum wird nun als Phobie gebunden, wobei sie sich in einem Objekt verdichtet, das vormals lustbetont gewesen sein

---

40 Freud, S. (1969/1909). Analyse der Phobie eines 5-jährigen Knaben. GW VII, S. 241–377.

muss. »Es gibt bei der Angsthysterie eine von Anfang an fortgesetzte psychische Arbeit, um die frei gewordene Angst wieder psychisch zu binden, aber diese Arbeit kann weder die Rückverwandlung der Angst in Libido herbeiführen noch an dieselben Komplexe anknüpfen, von denen die Libido herrührt. Es bleibt ihr nichts anderes übrig, als jeden der möglichen Anlässe zur Angstentwicklung durch einen psychischen Vorbau von der Art einer Vorsicht, einer Hemmung, eines Verbots zu sperren, und diese Schutzbauten sind es, die uns als Phobien erscheinen und für unsere Wahrnehmung das Wesen der Krankheit ausmachen.«[41] Die Wahl des phobischen Objekts ist durch die vormalige Wahl eines Lustgegenstands bestimmt. »Es muß ja wohl so zugehen, die Theorie fordert es, daß dasselbe einmal Gegenstand einer hohen Lust war, was heute Objekt der Phobie ist.«[42]

Das phobische Objekt vertritt nach Lacan den Vater, der zu wenig furchteinflößend agiert. »Hätte es einen *Vatti* gegeben, vor dem man wirklich hätte Furcht haben können, so hätte man sich innerhalb der Spielregeln befunden, man hätte einen wirklichen Ödipus ausbilden können, einen Ödipus, der Ihnen hilft, von den Rockschößen Ihrer Mutter loszukommen. Doch da es keinen *Vatti* gibt, vor dem man sich fürchtet, da *Vatti* zu lieb ist, entlädt sich, sobald die mögliche Aggressivität des *Vatti* evoziert wird, umso mehr der phobische Signifikant des *hippos*, und ist am selben Nachmittag zu Protokoll genommen worden.«[43] Kurzum, »es geht darum, daß der kleine Hans eine Vertretung für diesen Vater findet, der hartnäckig dabei bleibt, ihn nicht kastrieren zu wollen. Das ist der Schlüssel zur Krankengeschichte.«[44] An anderer Stelle generalisiert Lacan, es gehe darum, »das phobische Objekt als Allzweck-Signifikanten, um den Mangel des Anderen zu ersetzen« zu erkennen.[45]

In der Therapie der Phobie geht es folglich um das phobische Objekt allenfalls in sekundärer Hinsicht; noch weniger ist es darum zu tun, die

---

41 Freud, S. (1969/1909). Analyse der Phobie eines 5-jährigen Knaben. GW VII, S. 350.
42 Freud, S. (1969/1909). Analyse der Phobie eines 5-jährigen Knaben. GW VII, S. 293, FN.
43 Lacan, J. (2003/1956f.). Das Seminar. Buch IV: Die Objektbeziehung, a. a. O., S. 406.
44 Lacan, J. (2003/1956f.). Das Seminar. Buch IV: Die Objektbeziehung, a. a. O., S. 429.
45 Lacan, J. (2015/1966). Die Lenkung der Kur und die Prinzipien ihrer Macht. In Schriften II. Wien, S. 103.

Furcht, etwa durch behavioristische Techniken, abzubauen. Solche Evasion der phobischen Emotion verstärkt die Neurose, anstatt sie zu therapieren. Freud selbst weist darauf hin, dass bei seit Längerem etablierten Phobien Strategien zur Angstvermeidung entwickelt worden sind, die zuerst einmal abgebaut werden müssen, damit die Angst wieder erscheinen und zum Motor der Analyse werden kann. Nicht weniger Angst, sondern mehr Angst ist dementsprechend das Behandlungsziel des Analytikers. »Man wird kaum einer Phobie Herr, wenn man abwartet, bis sich der Kranke durch die Analyse bewegen läßt, sie aufzugeben. Er bringt dann niemals jenes Material in die Analyse, das zur überzeugenden Lösung der Phobie unentbehrlich ist. Man muß anders vorgehen. Nehmen Sie das Beispiel eines Agoraphoben; es gibt zwei verschiedene Klassen von solchen, eine leichtere und eine schwerere. Die ersteren haben zwar jedesmal unter der Angst zu leiden, wenn sie allein auf die Straße gehen, aber sie haben darum das Alleingehen noch nicht aufgegeben; die anderen schützen sich vor der Angst, indem sie auf das Alleingehen verzichten. Bei diesen letzteren hat man nur dann Erfolg, wenn man sie durch den Einfluß der Analyse bewegen kann, sich wieder wie Phobiker des ersten Grades zu benehmen, also auf die Straße zu gehen und während dieses Versuches mit der Angst zu kämpfen. Man bringt es also zunächst dahin, die Phobie so weit zu ermäßigen, und erst wenn dies durch Forderung des Arztes erreicht ist, wird der Kranke jener Einfälle und Erinnerungen habhaft, welche die Lösung der Phobie ermöglichen.«[46]

Die Psychoanalyse therapiert nicht auf der Ebene des Symptoms, sondern auf der der Struktur. Um zu dieser zu gelangen, ist oftmals die Aufrechterhaltung des Symptoms erforderlich. Die Therapie der Neurose ist so unzeitgemäß wie deren Diagnose. Darauf beruht die Hoffnung für ihre Zukunftsfähigkeit.

---

46 Freud, S. (1947/1919). Wege der psychoanalytischen Therapie, a. a. O., S. 191.

4

Fragmente einer Liebe – Zum Übertragungskonzept der Psychoanalyse bei Freud und Lacan

Edith Seifert

Übertragung ist ein universelles Phänomen. Es ereignet sich beim Gebrauch von alltäglichen Dingen, wenn sie uns über ihren unmittelbaren Zweck hinaus emotional berühren, Schmerz und Sehnsucht, Stolz oder Abscheu erzeugen. Vor allem ist Übertragung aber ein Phänomen, das zwischen Individuen spürbar wird, und besonders dann, wenn deren Beziehung durch ein Autoritätsgefälle geprägt ist – wie das zwischen Lehrer und Schüler, Arzt und Patient, Psychoanalytiker und Analysant der Fall ist. Übertragung ist ambivalent. Sie kann einerseits Wunder bewirken – ungeahnte Lernerfolge, unvermutete Behandlungserfolge –, aber ebenso kann sie zerstörerisch sein und dazu führen, dass die Anstrengung einer Übertragungsperson (des Lehrers, des Arztes, des Therapeuten) aus unerklärlichen Gründen auf einmal blockiert, sabotiert, zunichtegemacht wird.

Übertragungen sind also nicht leicht zu handhaben. Ihrem Wesen nach sind sie schwer einzuordnen, und ihre Wirkung ist schwer zu kalkulieren. Sie sind, wie Freud erkannte, »explosive Kräfte«, die »großer Vorsicht und Gewissenhaftigkeit« bedürfen. In medizinischen Behandlungen werden sie deshalb auch eher als Störung angesehen, und in therapeutischer Hinsicht gelten sie immer als der problematischste Aspekt der Arbeit.[47]

Wie das genau zu verstehen ist, lässt sich am besten anhand einer Geschichte aus der Frühzeit der Psychoanalyse demonstrieren.

Der Fall Anna O.

Es geht um den Fall Anna O., einen Fall, über den so viel geschrieben worden ist, dass es fast überflüssig scheint, ihn noch zu erwähnen, und der doch unumgänglich ist, wenn von der Übertragung gesprochen werden soll, weil er das beste Beispiel für ihre Wirkung bietet.[48]

Die spätere Frauenrechtlerin Bertha Pappenheim, alias Anna O., ist keine Unbekannte in der Psychoanalyse. Auf sie geht die Wortschöpfung der »talking cure« zurück, wie auch die Anregung zur Methode des »chimney sweeping«, des Wegsprechens der Symptome durch Wiedererinnern, anders gesagt der kathartische Ansatz der freien Assoziation. Ihre Geschichte ist schnell erzählt: 1895 kam sie wegen vielfältiger körperlicher Symptome zu Freuds älterem Freund und Mentor Josef Breuer in Behandlung. Schnell stellte sich heraus, dass sie während der Krankenpflege des geliebten Vaters an einem hartnäckigen, als »tussis nervosa« diagnostizierten Husten erkrankt war. Das Symptom weitete sich aus und umfasste bald Kopfschmerzen, Sehstörungen, Krämpfe und Taubheitsgefühle; hinzu kamen Sprachstörungen, so dass sie eine Zeitlang ihre Muttersprache verlor, sowie eine merkwürdige Bewusstseinsspaltung, die bewirkte, dass sie bei Tag eine launische und ungenießbare Person war, während sie am Abend eher traurig und ängstlich wirkte.

Dazu litt sie unter Halluzinationen mit Schreckgestalten sowie unter einer Hydrophobie und verweigerte während einiger Wochen auch jegliche Nahrung. Obwohl sich ihr Zustand anfangs zusehends verschlimmerte,

---

47 Borck, C. (2016). Medizinphilosophie. Eine Einführung. Hamburg, S. 102.
48 Freud, S. (2000/1915). Bemerkungen über die Übertragungsliebe. In Studienausgabe, Ergänzungsband, Schriften zur Behandlungstechnik. Frankfurt a. M., S. 230.

konnte sie mithilfe der neuen kathartischen Methode, d. h. der reinigenden Wirkung des Sprechens, bald von ihren Leiden befreit werden. Der Fall war allem Anschein nach mit vollem Erfolg abgeschlossen: Anna O. »war nun frei von all den unzähligen einzelnen Störungen.«[49] Der erste, überzeugende Heilerfolg der aufkeimenden Psychoanalyse war erreicht.

Die Wirklichkeit sah freilich anders aus, denn die Behandlung war ein einziges Desaster. Wie seit Jones' großer Freudbiographie (von 1953) bekannt,[50] hatte die Patientin nämlich, ganz große Hysterikerin des 19. Jahrhunderts, zu einem bestimmten Zeitpunkt der Behandlung in konsequenter Fortsetzung ihrer Übertragungsliebe eine Scheinschwangerschaft ausgebildet. Woraufhin der behandelnde Arzt, J. Breuer, auf eine Reaktion verfiel, die man mittlerweile ein Ausagieren von Gegenübertragungsgefühlen nennen würde: von der unerwarteten Liebesbekundung seiner Patientin überwältigt und zugleich entsetzt, brach Breuer die Behandlung ab und begab sich mit seiner Ehefrau Mathilde, die aus Eifersucht schon kurz vor dem Selbstmord stand, umgehend auf eine Reise nach Venedig. Neun Monate später erblickte ein Kind der realen Liebe, Dora Breuer, das Licht der Welt. Soweit zum ersten Nachweis einer psychoanalytischen Heilung mit Übertragungswirkung. Wie ist das zu verstehen?

Ungeachtet aller Ungereimtheiten stellt diese merkwürdige Geschichte mehrere Aspekte der Übertragung heraus: Sie verdeutlicht, dass Übertragung ihrer Wirkung nach erstens mit Unheimlichkeit, Angst, sogar Entsetzen einhergeht; einem Entsetzen, das zunächst auf Seiten des Arztes liegt und mit seinem Einblick in das Wesen, die Abgründe der Sexualität zu tun hat. In der Perspektive der Patientin zeigt sich zweitens die Bedeutung des Arztes, genauer die Bedeutung von Gefühlen, Liebesgefühlen, die an seine Person gerichtet werden und hier als Scheinschwangerschaft ins Körperliche verschoben, konvertiert in Erscheinung treten. Drittens gibt es einen Hinweis auf zugrundeliegende infantile Gefühle, die Vaterliebe. Und *last but not least* wird eine der klassischen Fragen der Übertragungsliteratur aufgeworfen, nämlich die, wie eine so abwegige Geschichte wie diese als Beweis für einen Behandlungserfolg ausgegeben werden kann. Die Frage nach dem wissenschaftlichen Status der Übertragung ist angeschnitten. Sehen wir also, was Freud in seinen Auslassungen zur Übertragung zu sagen hat.

---

49 Freud, S. & Breuer, J. (1970/1895). Studien über Hysterie. Frankfurt a. M., S. 35.
50 Jones, E. (1978). Leben und Werk von Sigmund Freud. Band I. Bern/Stuttgart/Wien, S. 264 ff.

Freuds Verständnis der Übertragung

Für Freud ist die Übertragung, wie in der Psychoanalyse nicht anders zu erwarten, an erster Stelle ein unbewusstes Phänomen, das auf das Intensivste seine Herkunft aus den unbewussten Wünschen bezeugt. Soll heißen, Übertragung partizipiert an der Unfähigkeit der unbewussten Wünsche, die selbst nicht in Erscheinung treten und daher auf Hilfsvorstellungen angewiesen sind, um ins Vorbewusste vorzustoßen. »Die unbewußte Vorstellung als solche (ist) überhaupt unfähig, ins Vorbewußte einzutreten, und (vermag) dort nur eine Wirkung zu äußern, indem sie sich mit einer harmlosen, dem Vorbewußten bereits angehörigen Vorstellung in Verbindung setzt, auf sie ihre Intensität überträgt und sich durch sie decken lässt. Es ist dies die Tatsache der *Übertragung*, welche für so viele auffällige Vorfälle im Seelenleben der Neurotiker die Aufklärung enthält.« [51]

Eine Hilfsvorstellung besonderer Art stellt in der Kur der Arzt dar. Mit seiner Person stellt er sich als Übertragungsfolie zur Verfügung; er bietet sich an, die Affekte der unbewussten Vorstellungen seiner Patienten aufzunehmen. Dynamisch sorgt er so für die Möglichkeit, dass die Patienten ihre gefürchteten, abgewehrten, verdrängten oder verleugneten Vorstellungen neu verorten, bearbeiten und lösen. (Streng genommen leistet er damit aber einer »Mesalliance«, einer »falschen Verknüpfung« Vorschub.[52])

Dass unbewusste Vorstellungen selbst nicht in Erscheinungen treten, hat mit dem Umstand zu tun, dass sie von Trieben unterhalten werden. Ihrer Definition nach sind Triebe ihrerseits unbewusste Gebilde, die als Sexualtriebe zwar große Bindungskraft besitzen, gleichzeitig aber zerstörerische Tendenzen aufweisen (Todestrieb). Aufgrund ihrer paradoxen Beschaffenheit sind sie im Seelenleben keine wirklich sichere Stütze, zumal sie auch in punkto Lust-Unlust wenig Stabilität bieten und vor allem auf ihr Objekt bezogen unstet und flüchtig sind, wenngleich sie manifest körpergeprägt sind (Triebquelle).[53]

Soweit in aller Kürze zum körperlich-sexuellen Faktor, den Trieben, die in der Übertragung eine Rolle spielen.

---

51 Freud, S. (2000/1900). Die Traumdeutung. Studienausgabe, Band II. Frankfurt a. M., S. 536.
52 Freud S. & Breuer J. (1970/1895). Studien über Hysterie, a. a. O., S. 245.
53 Seifert, E. (2006). Die Triebe in der Psychoanalyse. In I. Hanika & E. Seifert, Die Wette auf das Unbewußte. Frankfurt/Main, S. 82–92.

Von Bedeutung für die Übertragung ist aber noch ein anderer Aspekt. Nach Freuds Entdeckung drängen sämtliche verdrängten, verleugneten und verworfenen Gefühle der Kindheit in der Übertragung erneut ans Licht; all diese zärtlichen wie feindlichen Gefühle; die Sehnsüchte, Enttäuschungen der ödipalen Vorzeit, als der Einfluss der Eltern noch unbestritten, die Abhängigkeit von ihnen absolut und die Liebe zu ihnen überlebenssichernd war. In der Übertragung versetze der Patient, so Freud, den Arzt unbewusst in die Position der von ihm geliebten, gehassten, gefürchteten Elternfiguren, und stelle ihn in eine psychische Reihe mit den Elternimagines.[54]

Was sind also Übertragungen? »Es sind Neuauflagen, Nachbildungen von den Regungen und Phantasien, die während des Vordringens der Analyse erweckt und bewusst gemacht werden sollen, mit einer für die Gattung charakteristischen Ersetzung einer früheren Person durch die Person des Arztes«.[55]

Es ist nun erstaunlich, dass Übertragungen selbst als Wiedergänger infantiler Imagines nichts an Aktualität eingebüßt haben sollen. Im Gegenteil, Freud geht davon aus, dass sie unverändert die alten Intensitäten besitzen. Im Hinblick auf die Handhabung in der Kur gibt er deshalb zu bedenken, dass Übertragungen nicht »in absentia«, »in effigie« oder – wie man sagen könnte – auf einem abgespalteten Sonderterrain wie in einem »Arbeitsbündnis« – bewältigt werden können.[56] Zumal hinzukommt, dass sich in ihnen der von der Hysterie ererbte, dämonisch-rätselhafte Grundzug der Sexualität zu Wort meldet, also das Unerfüllte, nicht Auflösbare der Sexualität, die Kastration.

Alles in allem erweist sich damit, dass in der Übertragung mit einer »unerwünschten Treue der unbewussten Phantasie« zu rechnen ist, die in der Kur für Mehrarbeit und einigen Aufruhr sorgt.[57] Soweit einige Stichworte zum Freud'schen Übertragungsbegriff.

---

54 Freud, S. (1975/1912). Zur Dynamik der Übertragung. In Schriften zur Behandlungstechnik. Studienausgabe, Ergänzungsband. Frankfurt a. M., S. 160.
55 Freud, S. (2000/1905). Bruchstück einer Hysterie-Analyse (Dora). Studienausgabe, Band VI. Frankfurt a. M., S. 180.
56 Freud, S. (1975/1912). Zur Dynamik der Übertragung, a. a. O., S. 168.
57 Freud S. (2000/1920). Jenseits des Lustprinzips. Studienausgabe, Band III. Frankfurt a. M., S. 228–230 sowie Freud, S. (1975/1912). Zur Dynamik der Übertragung, a. a. O., S. 157–168.

Wissenschaftlicher Status und Vorgeschichte der Übertragung

Es stellt sich jedoch die Frage, wie angesichts solcher Insistenz die Übertragung theoretisch überhaupt fassbar sein kann. Ein Blick auf die Vorgeschichte der Psychoanalyse zeigt, wo für Freud die Fallstricke im Umgang mit dem Phänomen lagen. Denn eines ist klar, spektakuläre Behandlungserfolge allein reichen Anfang des 20. Jahrhunderts nicht mehr aus, eine Behandlungsmethode als wissenschaftlich zu akkreditieren. Dies zeigte sich bereits beim Mesmerismus zur Zeit der Französischen Revolution. Die Annahme einer kosmischen Lebenskraft, eines subtil steuerbaren »Fluidums«, mit der Franz Anton Messmer seinen »tierischen Magnetismus« seinerzeit begründete, konnte trotz aller Analogie zur neu entdeckten Elektrizität nicht mehr überzeugen. Ohne nachweisbare naturwissenschaftliche Fundierung blieb der »Rapport«, die Übertragung schon damals ein anrüchiges Geschäft und konnte nur als moralisch gefährlich, als »sittliche Gefahr« erscheinen.[58] Von Beginn an stand die Übertragung also im Ruf eines wissenschaftlich unseriösen Unternehmens.[59]

Ein gänzlich anders gelagertes Negativbeispiel für den Umgang mit der Übertragung liefert der größte Neurologe aller Zeiten: J. M. Charcot. Im Gegensatz zu Mesmers kosmisch-zufallsbasiertem Vorgehen hatte er zwar dafür Sorge getragen, dass in seinen Experimenten und Behandlungen von Suggestion und Übertragung nichts mehr in Erscheinung trat und die volle Überprüfbarkeit der Ergebnisse garantiert war, dennoch musste er erleben, dass genau deshalb das Phänomen umso ruchbarer wurde (Manipulations-

---

58 Wegen der besonderen Intimität der therapeutischen Beziehung und der sich daraus ergebenden emotionalen Abhängigkeit des Patienten werden Übertragungen bis heute als der problematischste Teil der therapeutischen Arbeit angesehen. Insbesondere die Machtfülle und der dem Therapeuten zukommende suggestive Einfluss gelten als derart unkalkulierbare moralische Risiken, dass heute sogar von der latenten Gefahr sexuellem Missbrauchs die Rede ist. Vgl. Hutterer-Krisch, R. (2007). grundriss der psychotherapieethik. Wien/New York, S. 71 sowie allgemeiner Beauchamp, T. L. & Childress, J. F. (1989). Principles of biomedical ethics, Oxford.
59 Seifert E. (2001). Vom Fluidum zur Libido. Der halluzinatorische Charakter der Übertragung. In G. C. Tholen, G. Schmitz & M. Riepe (Hrsg.), Übertragung – Übersetzung – Überlieferung. Bielefeld, S. 223–226.

vorwurf). So geriet auch dieser Versuch, der Übertragung Herr zu werden, wissenschaftlich in Misskredit.⁶⁰

Für Freud war damit klar: Der Rapport ist ein Mittelding. Wissenschaftlich gilt er als nicht seriös, aber rapportfreie Behandlungen gibt es nicht. Übertragungen sind jedoch keine Zufallsprodukte, sie müssen auch Gesetzmäßigkeiten gehorchen, können wegen ihres singulären Aspekts aber nicht gänzlich verobjektivierbar und überprüfbar sein.⁶¹ Epistemisch ist die Übertragung bei Freud deshalb ein Begriff, der zwischen der gesetzesgeleiteten Wissenschaft und dem Abgründigen der Sexualität liegt.

Betrachten wir nun die weitere Entwicklung und sehen zu, was sich aus dem Schwanken zwischen Gesetz und Sexualität noch ergibt, und kommen jetzt zu Lacan, der die Übertragung deutlicher als Freud vor dem Hintergrund der Gesetzmäßigkeit des Unbewussten betrachtet und eine Logik der Übertragungsliebe entwickelt.

Lacans Übertragungsbegriff: Liebe und Formalisierung

Szenenwechsel.

Beginnen wir erneut mit einem Fallbeispiel, das nun allerdings spezieller Natur ist. Weder handelt es sich um eine neue Lügengeschichte, noch um einen authentischen Fall, sondern um fiktive und historische Berichte und Dialoge. Sie haben auf den ersten Blick wenig mit Psychoanalyse zu tun, da sie reine Schriftstücke sind, bzw. einen klassischen Text bilden, von dem in punkto Übertragung und deren Überprüfbarkeit wenig praktische Ergebnisse zu erwarten sind. Es handelt sich um das *Symposion* von Platon, zu Deutsch: *Das Trinkgelage*⁶². Dieser Text markiert den Auftakt, unter dem im Folgenden Lacans Übertragungskonzept steht: nämlich die Sprache als das Gesetz der Übertragung. Was zu erläutern sein wird.⁶³

Der Text, das *Symposion*, ist ein wahres Lehrstück in Sachen Übertragung. Lacan liest es geradezu wie ein Psychoanalyse-Protokoll bestehend aus sie-

---

60 Seifert, E. (2008). Seele – Subjekt – Körper. Freud mit Lacan in Zeiten der Neurowissenschaft. Gießen, S. 241–276.
61 Seifert, E. (2008). Seele – Subjekt – Körper, a. a. O., S. 200–301.
62 Platon (1985). Das Trinkgelage. Über den Eros. Frankfurt a. M.
63 S. dazu Lacan J. (2008/1960f.). Das Seminar. Buch VIII: Die Übertragung. Wien.

ben Sitzungen, in denen wie in der Kur in Form von metonymischen Suchbewegungen nach einem Wissen gesucht wird, die Umwege des Begehrens ausgemessen werden, bis zum Schluss ein Bedeutungswechsel geschieht und das eigentliche Thema in Form eines regelrechten Einbruchs des Realen auf den Punkt kommt: Das Thema der Liebe! Lacans These zur Übertragung lautet entsprechend: Übertragung ist Liebe! Sie hat die Grundstruktur der Liebe, genauer gesagt, folgt einer Logik der Liebe.[64] Soll heißen: Übertragungsliebe ist ein Beziehungsgeschehen (ein Gabentausch), in dem auf besondere Weise die Gesetze des Unbewussten zum Tragen kommen, in dem sich aber auch die der strukturalen Psychoanalyse eigene, relationale Beziehungsform zu erkennen gibt, die in der Formel: »Das Begehren ist das Begehren des Anderen« ihren Ausdruck findet.

Im *Symposion* werden noch andere Aspekte der Übertragungsliebe verhandelt, als da sind: 1. die Rolle des Wissens und des Nichtwissens in Bezug auf die Wahrheit des Unbewussten, 2. die im Gegensatz zur Person (wie bei Freud) außerordentliche Bedeutung des Objekts sowie 3. die Metamorphose der Liebespositionen, die durch die Wahrnehmung des Objekts von Begehren und Liebe zustande kommt. Zentrale Frage ist dabei, ob das, was der Eine, der Liebende (Eromenos) für den Anderen, den Geliebten (Erastes) hat, in Beziehung zu dem steht, was dem Liebenden fehlt. Von diesen Aspekten der Übertragung ist in Platons Text ausgiebig die Rede.

Das *Symposion* von Platon ist ein Text über den Eros, die Liebe. In Reden, Gesprächen und Berichten lässt Platon die berühmtesten Männer Athens vom Ende des 5. Jahrhunderts Lobreden auf den Eros halten. Im Verlauf der Reden wird erkennbar, worum es in der Liebe geht, nämlich um die sukzessive Freisetzung der Wahrheit des Begehrens, des Objekts des Begehrens, »Agalma«-Objekt genannt.

---

64 Lacan J. (1978/1964). Das Seminar. Buch XI: Die Vier Grundbegriffe der Psychoanalyse. Olten/Freiburg i. Br., Kap. 10, 133ff.

Protokoll der sieben Analysesitzungen

In der ersten Sitzung mit dem Redner Phaidros wird zunächst die göttliche Macht der Liebe besungen: Die Liebe ist ein großer Gott, der ungeheure Wirkungen hat. Liebe (mitzuhören: die Übertragungsliebe) ist ein mächtiger Führer, der zur Vollkommenheit führt.[65] Es folgt eine erste Ahnung davon, dass es in der Liebe nicht unbedingt um empirische Personen geht, sondern die Liebe eine Zwischendimension eröffnet, einen Raum zwischen Leben und Tod. Der Tenor lautet: Die Liebe ist dann am größten und bedeutungsvollsten, wenn sich der (passiv) Geliebte wie ein (aktiv) Liebender verhält.

In der zweiten Sitzung, geführt vom dem Redner Pausanias, geht es um das Maß in der Liebe und die Bewertung der Liebestäuschungen: Kann ein schlechter Ausgang, eine Liebestäuschung – eine »Mésalliance« – die Motive eines Liebenden degradieren? Wenn sich beispielsweise jemand an jemanden bindet, weil er ihn für gut hält, der sich aber als böse erweist? Bleibt die Bindung trotz der Täuschung noch gut und schön? Durch Platons Inszenierung dieser Rede wird die Frage ins Lächerliche gezogen.

In der dritten Rede trägt der Arzt Erychimachos die Postulate der medizinischen Position hinsichtlich der Liebe vor: Wenn es stimmt, dass sich die Heilkunde ebenfalls mit den Liebesregungen im Körper befasst, womit hat sie es dann genau zu tun, was ist ihre Grundlage? Stehen Mensch und Natur in Harmonie zueinander oder ist im Gegenteil von »Streit«, Diskordanz zwischen ihnen auszugehen?

Der vierte Redner ist Aristophanes, der Komödiendichter. Durch ihn wird die vorausgegangene Idee von harmonischen Liebesverhältnissen wieder zurückgenommen und mit dem Mythos vom Kugelmenschen ad absurdum geführt. Nach der Vorstellung vom Kugelmenschen waren die Menschen anfangs ein dreigeschlechtliches rundes Ganzes, hatten vier Arme und Beine, zwei Gesichter auf einem Schädel und einen kreisrunden Hals. Wegen ihrer Hybris wurden sie von Zeus in zwei Hälften zerschnitten. Sie litten jedoch derart unter ihrer Trennung, dass sie vor lauter Sehnen und Begierde nach dem anderen fast zugrunde gingen, woraufhin Zeus Erbarmen hatte und ihnen als Ersatz für die verlorene Ganzheit den Eros einpflanzte, damit sie wenigstens die Lust und das Kinderzeugen hätten.[66]

---

65 Platon, 178 a.
66 Platon, 189a–191e.

In seiner Rede legt Aristophanes ausführlich dar, wie diese – die Zeiten überdauernde und auch bei Freud erwähnte – Vorstellung vom Verschmolzensein der Liebenden, ihr Aneinandergeschmiedetsein durch den Schmied Hephaistos, für die Liebe lächerlich und regelrecht kontraproduktiv ist. Schließlich können sich Kugelmenschen, Aneinandergeschmiedete wegen der Lage der Genitalien nicht wirklich reproduzieren, sondern nur wie die Zikaden in die Erde hinein zeugen. Damit die Liebe einen Sinn macht, zu etwas führt und nachhaltig ist, muss eine Trennung stattfinden. Es bedarf einer Demontage – einer der Genitalien! So die erste, überraschende Wendung im Diskurs über die Liebe.

Mit dem Tragödiendichter Agathon als dem fünften Redner kommt dann das Tragische an der Liebe zu Gehör und wird die Idee weiterentwickelt, dass die Liebe ein Intermediäres ist und dem Nichtwissen angehört. Es wird jetzt deutlich, dass der größte Liebende als derjenige gilt, der wie Achill für einen längst verstorbenen Liebhaber (Patroklos) in den Tod zu gehen vermag. D. h., richtig liebt nur der, der eine Schuld auf sich nimmt, auch wenn er sie selbst nicht auf sich geladen hat, von der er vielleicht nicht einmal – wie Ödipus – etwas weiß. Auf der Seite des Liebenden (Erastes) taucht damit ein Nichtwissen auf, das psychoanalytisch relevant, unabhängig von seiner Herkunft auf sich genommen werden muss. Aus diesem Grund hat der Tragödiendichter Platons für die tragische Grundlage der Liebe auch nur Spott übrig.

Hierauf folgen die großen Sitzungen Sechs und Sieben mit Sokrates und Diotima.

Intervention des Sokrates

Mit Sokrates tritt der Psychoanalytiker auf den Plan und kommen weitere zentrale Aspekte des Übertragungsbegriffs zur Sprache. Als da ist, erstmaliges Novum in der gesamten Philosophiegeschichte, die sokratische Methode des Sprechens. Von hier aus wird klar, dass die Grundlage für alle Bekundungen der Liebe das Sprechen ist. Wegen ihrer Ableitung aus dem Anspruch gibt es die Liebe, meint Lacan, überhaupt nur bei Sprechwesen.[67] In diesem Sinn entfaltet Sokrates in seinen Reden gewaltige meto-

---

67 Lacan, J. (1975/1966). Die Bedeutung des Phallus. In Schriften II. Olten/Freiburg i. Br., S. 119–132.

nymische Bewegungen, presst den Signifikanten den letzten Rest ab, d. h. zielt ab auf die Kohärenz des Signifikanten. Quasi lacanianisch, »avant la lettre«, geht er davon aus, dass das einzig sichere Wissen im Diskurs liegt, d. h. in den Gesetzen der Signifikanten. Sokrates in der Psychoanalytiker-Position setzt damit darauf, dass es ein inneres Wissen der Signifikanten gibt, das sich als Wahrheit oder unbewusstes Wissen herausstellt. Sodann ändert er die Spielregeln, befragt den Geliebten (Eromenos) und lässt damit, weil dieser in den Augen des Liebhabers (Erastes) zwar das Wissen hat, selbst aber nicht weiß, was er hat, das sog. »Ding der Leere« auftauchen. Der Blick ist jetzt auf das Ding (to pragma) gerichtet, dieses Objekt der Leere, das in der Liebe fehlend ist: was man, so Sokrates, nicht hat und was man selbst nicht ist und was einem fehlt. Darauf sind die Begierde und die Liebe gerichtet.[68]

Verstärkt wird damit deutlich, dass in der Liebe nicht eigentlich die Person geliebt wird, sondern das Objekt das Entscheidende ist. Der Passus ist psychoanalytisch von einiger Bedeutung, insofern das in Rede stehende Liebesobjekt größte Ähnlichkeit mit dem Objekt des Begehrens der Lacan'schen Psychoanalyse hat. Im *Symposion* dreht sich alles um dieses Objekt, und es ist genau das, was Sokrates – in der Psychoanalytiker-Position – aus den Reden der Vorredner herauszuschälen beginnt. Indem er also festhält: dass die Liebe nicht wie zuvor postuliert göttlich ist, sie keineswegs im glücklichen Einssein mit dem anderen besteht, sondern vor allem eine komische Sache ist, da sie unübersehbar an diesem Ding, einer Leere orientiert ist.

Die Bedeutung des Topos der Leere wird im *Symposion* auf verschiedene Weise betont. Wahrhaft in Szene gesetzt wird sie aber – neuer Psychoanalyse-Termin! – durch den Auftritt von Alkibiades. Was zuvor nur in Annäherung durch Reden zu erahnen war, wird durch eine Zäsur, einen »cut«, jetzt abrupt zur Bedeutung erhoben. Das Objekt, um das sich die ganze Zeit alles drehte, wird jetzt regelrecht ins Werk gesetzt. In einem Zustand der Ekstase, von Außersichsein, fällt der Liebende Alkibiades betrunken in die Szene. Dabei unterstellt er dem Psychoanalytiker-Analogon Sokrates, dass er besagtes Objekt inkorporiere, es besitze und beschuldigt ihn, es ihm vorzuenthalten. In seiner zwiespältigen Lobrede, die eher eine Schmährede ist, tituliert er Sokrates auf prägnante Weise: Er vergleicht ihn mit einem Silen, d. h. mit einem Wesen, das nach dem Prinzip der rus-

---

68 Platon 200 a–b.

sischen Puppen in seinem Inneren das sog. »agalma«, ein Götterbild in sich trägt. Das Agalma-Objekt ist in der Lacan'schen Psychoanalyse genau das, was der Analysant beim Psychoanalytiker-Anderen sucht, weil auch er es seiner Vorstellung nach verkörpert. Insofern Alkibiades und der Analysant dieses Objekt dem Anderen unterstellen, haben beide guten Grund, den Anderen zu lieben. Den asketischen Knabenliebhaber Sokrates macht das indessen zu einer eigentümlichen Figur. Einer Figur, die wegen ihrer Ähnlichkeit mit einem Silen und Satyr einerseits bestialische Züge hat, wegen ihrer glanzvollen Hülle (Trugseite) gleichzeitig göttlich wirkt.

Sokrates, dieser Liebhaber der Weisheit, ist damit weder ganz Mensch noch ganz göttlich; im Grunde ist er dishuman, fremd, ein »atopos«. Oder, wie der italienische Philosoph S. Benvenuto schlussfolgert, er gehört zu den Helden, die zwischen Menschen und Göttern vermitteln.[69]

Im *Symposion* hat Alkibiades jedoch genug von solchen Heldenspielen. Er will das Psychoanalytiker-Subjekt aus seiner Verpuppung befreien. Die Szene eskaliert. Wo sie zuvor von göttlicher Harmonie, glücklichem Einssein und Unterschiedslosigkeit beherrscht war, kommen nun Dissenz, Streit, Eifersucht und Angst auf, auch aufseiten von Sokrates. Alkibiades ist eifersüchtig auf Sokrates. Sokrates seinerseits hat Angst (Gegenübertragungsgefahr, siehe Breuer) und sucht Zuflucht vor der Raserei dieses Liebenden. Aufruhr, Chaos halten Einzug auf der Szene. Auf schamlose Weise und mit obszönen Worten versucht der Liebende dem Geliebten die Maske der Gleichmut vom Gesicht zu reißen. Und zieht vom Leder: Ja, schön sprechen, kannst Du! Deine Worte bezaubern, aber im Grunde bist Du Leere. Du hast selbst kein Begehren, verweigerst dich dem Begehren!

Wenn das »Objekt ohne Ausgleich«, das Objekt des Begehrens in Reichweite kommt, ist die negative Übertragung nicht fern. Und in der Tat, Sokrates' Haltung trägt einiges dazu bei, denn er verweigert sich dem schönen Jüngling, den er einstmals begehrte. Sein Begehren zielt auf die Leere, sein Wesen ist Leere. Es liegt in der Askese des Eros. (Eine Atopie, die für Sokrates ihren Preis hat, denn sie bringt ihm letztlich den Tod.)

Mit der Figur des Sokrates wird im Hinblick auf die Übertragung einiges klarer: In der Übertragung ist der Andere nicht unser Objekt, sondern ein Subjekt, das zugleich Objekt des Begehrens ist. Er ist ein Objekt, das kei-

---

69 Benvenuto S. (1999). Socrates mit Alcibiades. Eine Lektüre des platonischen Symposions. RISS, Zeitschrift für Psychoanalyse, 44, 101–103.

nen Ausgleich bietet, d. h. nicht kompensierbar ist. Dennoch ist die Liebe eine Regung, durch die allein das Subjekt in ein Verhältnis zu dem gerät, was es beim Begehren verliert. Der Heros des Eros, Sokrates in der Psychoanalytiker-Position, hat seine Initiation in dieser Hinsicht hinter sich. Er weiß das alles und will eben nur dieses wissen. Er will nur auf eine Weise von den Dingen der Liebe wissen.

Das Wissen des Sokrates

Sokrates kennt also die Logik der Liebe, weiß, dass der »Begehrende begehrt, was ihm fehlt« und dass sich das Begehren stets ohne unser Wissen zeigt. Bemerkenswert ist jedoch, dass der Weise beim Objekt der Liebe auf eine Grenze trifft. D. h. mit dem Wissen der naturwissenschaftlichen Gesetze, mathematischen Lösungen und logischen Ableitungen, kurz mit dem systematischen Wissen der Episteme, ist in der Liebe kein Weiterkommen. Das ist einigermaßen befremdlich, da dieses Wissen ja nicht zu verachten ist.[70] Dennoch hat es einen Fehler, es lädt nämlich dazu ein, es als abgeschlossenes System und ein Ganzes zu verstehen. Damit leistet dieses Wissen aber der Täuschung Vorschub, dass beim Wissen keine Unklarheiten blieben und alle Fragen lösbar wären. Das macht das epistemische Wissen zwar immer noch nicht falsch, lässt es immer noch als wesentliche Voraussetzung für Verständigung und kulturelle Gemeinsamkeit bestehen, zumal es nicht nur die Knaben der antiken Liebestradition nötigt, das Lustprinzip aufzugeben und die eigenen Wünsche zu zügeln. Dennoch ist dieses Wissen nicht alles, entgeht ihm etwas. Weshalb der Weise in seiner Rede über das Objekt der Liebe passen muss und abgibt – an eine Frau.

---

70 Lühmann, H. (2006). Schule der Übertragung. In K. J. Pazzini & S. Gottlob (Hrsg.), Einführungen in die Psychoanalyse II. Setting, Traumdeutung, Sublimierung, Angst, Lehren, Norm, Wirksamkeit. Bielefeld, S. 97–118.

Diotima und das Wissen einer Frau

Mit Diotima wird die Erörterung über das Wesen der Liebe fortgesetzt und die bisherige Bestimmung des Eros erneut auf den Prüfstand gestellt. Durch den Auftritt der Priesterin, einer Frau, kommt ein rätselhaft neues Moment zu den bisherigen Reden über die Liebe hinzu. In Kenntnis der Geschichte, der zufolge Frauen im antiken Griechenland, und insbesondere in Athen, kaum Geltung hatten und nach Platon ihrer Natur nach nicht über die erforderlichen geistigen Anlagen verfügten, stellt sich die Frage, was mit dem Auftritt der Frau und Priesterin bezweckt sein soll. Die Antwort lautet: Mit Diotima wird bestätigt, dass Liebe nicht nur der körperliebende Eros ist, dass sie nicht nur eine besondere, empirische Form zwischenmenschlicher Beziehungen darstellt, sondern (bei Platon) auch ein Weg zur Erkenntnis des Schönen und Guten ist, bzw. mit Lacan, zur Erkenntnis des immer noch (halb-)wahren Begehrensobjekts führt. [71]

Mit der Intervention von Diotima wird fast im Freud'schen Sinne also auf die Doppelgesichtigkeit, Dualität des Eros verwiesen und angezeigt, dass Liebe als Erkenntnis des Wahren nicht nur aus Besitzergreifen, Habenwollen und Gier besteht, sondern Gebären, Zeugen, Hervorbringen mit einschließt.

Es erweist sich also, dass Eros (für Platon wie Lacan) gierig und schaffend sowie aktiv und passiv zugleich ist. Der Diskurs über die Übertragungsliebe erhält durch Einführung der Frau also eine neue Wendung. Er wechselt über in eine andere Wissensregion. Aus dem Register des (regulierbaren und fixierbaren) gesicherten Wissens, der Gleichsetzung von Wissen und Gewusstem geht er nun über in eine Region, die – expliziter noch als die sokratische Methode des Sprechens – unterstreicht, dass es ein Wissen gibt, das sich erst im Verlauf des Redens selbst einstellt. Es ist dies ein Wissen, das, weil es überraschend entsteht, ungesichert ist, niemals zu antizipieren und auch folglich nicht prognostizierbar ist. Das Wis-

---

71 Die Tatsache des Sprechens ist der Grund dafür, dass sich nach Lacan Wahrheit nur halb sagen lässt. Das Sprechen wird hier als eine eigene, autonome Dimension eingerechnet, es ist nicht einfach Mittel zum Zweck der Verständigung. Zur Interpretation der Diotima-Episode siehe Engelen, E.-M. (1998). Zum Begriff der Liebe in Platons Symposion oder Warum ist Diotima eine Frau? In Konstanzer Berichte. Philosophie der Geistes- und Sozialwissenschaften, Universität Konstanz 1998/3.

sen über die Liebe wandelt sich zum »Redewissen«, es geht über in das Wissen der Meinungen, des Alltagsredens, der »doxa«.[72]

Jenseits der Logik wechselt es damit in die Kategorie des der Psychoanalyse wohlbekannten »Er wusste nicht«, der Ignoranz. In diesem Sinne unabgesichert, frei vagierend, assoziativ und Unmöglichkeitsaussagen nicht scheuend führt Diotima die Erzählung von der Liebe fort, nun aber als mythische Erzählung. In mythisch ungesicherten Begriffen kann sie dann auch von der Abstammung der Liebe sprechen: Liebe ist das Kind von »penia«, dem Mangel, Elend, (der Mutter) und »poros« dem Wegefinder, (dem Vater). Damit ist Diotima Sokrates um Einiges voraus, da dieser auf die Frage nach der Herkunft der Liebe keine gesicherte Antwort geben konnte.

Für den Psychoanalytiker Sokrates scheint die Einschaltung der Frau und Priesterin also zu besagen, dass auch er keine abgeschlossene Liebesgestalt (Kugelwesen) ist, sondern ein zweigeteiltes Wesen, bestehend aus einem Liebenden und Geliebten zugleich. Wie Sokrates ist der Psychoanalytiker ein Liebhaber der Weisheit und wird als solcher geliebt, ist aktiv und passiv, männlich und weiblich zugleich. Beim Objekt der Liebe trifft er mit der Frau auf seine eigene Spaltung!

Soweit mit diesem Beispiel zur Übertragungsliebe, das hier von der Seite des Psychoanalytiker-Analogons Sokrates betrachtet ist.

Ausgehend von Platons *Symposion* ergibt die Übertragung der Lacan'schen Psychoanalyse folgendes Bild:

- Wie die Liebe ist Übertragung ein »komisch Ding«.
- Sie ist gekennzeichnet durch eine diskordante, paradoxe Tauschbeziehung. Ein Geben dessen, was man nicht hat.
- Das Objekt, das in der Liebe verlangt und gegeben wird, ist hinsichtlich seines Tauschwerts nicht angemessen, nicht adäquat. D. h. das, was der eine hat, steht nicht in Beziehung zu dem, was dem anderen fehlt (in der Knabenliebe dargestellt als Austausch von Weisheit gegen einen schönen jugendlichen Körper).
- Trotzdem ist die Liebe, Übertragungsliebe, das Austragungsfeld der Kur schlechthin.

---

72 Perls, H. (1966). Platon. Seine Auffassung vom Kosmos. Bern, S. 156–186. Doxa gilt als die niedrigste Stufe der Erkenntnis. »Doxa«, ein unübersetzbarer Begriff, steht am ehesten für Meinung, Instinkt, Gefühl oder auch für »Erklären«.

Fragen wir nun nach der praktischen Relevanz einer solchen Heilung durch Liebe.

Praktisch-klinische Konsequenzen

In der Kur mit ihren nicht mehr idealen, entzauberten Bedingungen ist die Erkenntnis des wahren Begehrensobjekts an die Präsenz des Anderen, des Psychoanalytikers gebunden.

Der Psychoanalytiker trägt dafür Sorge, dass neben dem Wissen des Gewussten das ungesicherte Wissen der »doxa« das Licht der Welt erblickt. Es handelt sich dabei um ein Wissen, das der Analysant, ohne zu wissen, dass er es hat (s. o.), seit jeher besitzt.

Der Psychoanalytiker behält im Blick, dass der Analysant trotz solchen Unwissens nicht in der Position eines Sklaven bleibt, die ihn glauben machen könnte, kein Recht auf die Liebe zu haben. Ungeachtet seiner Aufmerksamkeit wird der Psychoanalytiker über lange Strecken der Kur hinweg damit zu kämpfen haben, dass der Analysant der Meinung ist, dass ihm das Wissen, das ihm fehlt, vorenthalten wird, und er nichts anderes als dieses Wissen haben müsste, um geheilt und glücklich zu werden. Das ist die Basis der Übertragungsliebe samt der ihr eigenen Unterstellung: Der Psychoanalytiker ist ein (passiv) Geliebter, der etwas hat, was dem Analysanten als (aktiv) Liebenden fehlt.

Übertragung kontrovers

Die genannten Aspekte vermitteln einen Eindruck davon, dass die Übertragung ein hartnäckiges Problem darstellt und eine »unliebsame Erschwernis« für die Arbeit des Psychoanalytikers ist, wie Freud sie nannte.[73] Aus diesen Gründen war sie in der Literatur seit jeher heftig umstritten. Den vorliegenden Kontext betreffend sind es insbesondere zwei Aspekte, die ins Gewicht fallen: erstens die Frage der Positionsverteilung in der Übertra-

---

73 Freud, S. (1969/1914). Zur Geschichte der psychoanalytischen Bewegung. GW X, S. 49.

gungsbeziehung, d. h. die der ungleichen Positionen von Psychoanalytiker und Analysant – C. G. Jung spricht von einer »entwürdigenden Knechtschaft« [74] –, sowie zweitens die Frage nach dem Einsatz, der Gabe des Psychoanalytikers in der Kur.

Das Problem der ungleichen Beziehungen, das inzwischen als die größte Gefahr eingeschätzt wird,[75] wird häufig durch Aufteilung in ein »realistisches Arbeitsbündnis« und eine neurotische »Arbeitsbeziehung« gelöst (Bräutigam[76] u. a.). Bezogen auf letzteren Aspekt, den Einsatz des Psychoanalytikers, seine Gabe, herrscht dagegen die Auffassung vor, dass der Psychoanalytiker tatsächlich im Besitz dessen sei, was den Analysanten zu einem vollständigen Wesen macht. So sprechen einige Psychoanalytiker (beispw. Paula Heimann (1964)[77], Lucy Tower (1956)[78] von der hundertprozentigen Verantwortung des Psychoanalytikers. Thomas Szasz[79] hingegen spricht von dem richtigen Wissen, das er besitze, und so versteht Margret Little die Übertragung sogar ausdrücklich als Austausch zwischen einer Person, die mehr hat, und einer Person, die etwas braucht: »Person with more gives person with need!«[80]

Ein prominentes Beispiel für letztere Auffassung hatte in der Geschichte der Psychoanalyse bereits S. Ferenczi mit seiner Idee der Kompensation durch Mutterzärtlichkeit gegeben.[81]

---

74 Jung, C. G. (1958). Die transzendente Funktion. In Geist und Werk. Zürich, S. 3–33.
75 Siehe oben.
76 Bräutigam, W. (1988). Die psychoanalytische Haltung. Auf der Suche nach dem Selbstbild der Psychoanalyse. München, S. 165–186.
77 Heimann, P. (1964). Bemerkungen zur Gegenübertragung. Psyche 18.
78 Tower, L. (1956). Countertransference, Journal of the American Psychoanalytic Association 4, 224–255.
79 Szasz, T. S. (1957). On the Theory of Psychoanalytic Treatment. International Journal of Psycho-Analysis 38, 166–182.
80 Little, M. (1957). The Analyst's Total Response to His Patient's Needs. International Journal of Psycho-Analysis 38, 240–254, hier: S. 243.
81 Ferenczi, S. (1984/1909). Introjektion und Übertragung. In Bausteine zur Psychoanalyse. Band I. Frankfurt a. M., S. 9–57.

Lacan: Gabe aus Nichts

Lacans Auffassung der Übertragung ist den genannten Positionen diametral entgegengesetzt. Sie ist so grundsätzlich vom Mangel getragen, dass sich zur Verdeutlichung noch einmal die sokratische Haltung zur Liebe und die Verhältnisse der Knabenliebe heranziehen lassen. Ähnlich wie im Fall »Sokrates« ist die Übertragung für Lacan nämlich ein Geschehen, das über die Ebene der empirischen Personen hinaus eine Dimension berührt, die psychoanalytisch betrachtet zwar nicht mehr als Liebe zum Wahren und Schönen infrage kommt, wohl aber als Suche nach der Wahrheit des Begehrens Gültigkeit besitzt.[82]

Es hatte sich indessen gezeigt, dass das Begehren ein Topos von besonderer Art ist. Es ist kein selbstgenügsamer, in sich abgeschlossener Begriff, sondern ein Begriff, der, weil er vom Mangel, einer Leere lebt, durch fortwährenden Bezug auf den anderen, d. h. seine Relationalität gekennzeichnet ist.

In diesem Sinn weisen die Übertragungsbeziehungen und die Beziehungen der »griechischen Liebe« Ähnlichkeiten auf: Am Anfang einer Kur unterwirft sich der Analysant dem Weisen, dem Psychoanalytiker, weil er ihn narzisstisch liebt und die Weisheit, die er an ihm begehrt, selbst nicht hat. Gegen Ende ist seine Liebe unpersönlicher, sublimiert geworden und ähnelt eher der Beziehung zwischen der Priesterin und dem die Weisheit begehrenden Sokrates, in der, da es jetzt um Erkenntnisliebe geht, Unterwerfung und Beherrschung keinen Platz mehr haben.

Man gewinnt den Eindruck, dass die Übertragungsbeziehung damit zwar keine Verhältnisse unter Gleichen herstellt, sie letzten Endes jedoch weniger ungleich ausfällt, als es den Anschein macht. Bedingt durch die Relationalität des Begehrens fällt nämlich auf, dass Analysant wie Psychoanalytiker gleichermaßen in das Spiel der Liebe verwickelt sind. Und in der Tat, in der Lacan'schen Kur ist der Psychoanalytiker skandalöserweise aktiv mit seiner Liebe und seinem Begehren gefordert. Er ist weder wie bei Freud zur Neutralität, noch zur Abstinenz verpflichtet, noch auf sonstige Gegenübertragungs-Zurückhaltungen festgelegt. Das Gegenteil ist der Fall: Liebe und Begehren sollen für ihn kein Tabu mehr darstellen. Mit

---

82 Weil die Liebe über die Ebene der empirischen Person und den konkreten Körper hinausweisen soll, verweigert sich Sokrates als Person seinem Erastes, Alkibiades. In ähnliche Richtung zielt später Freuds Mahnung, der Psychoanalytiker möge die Übertragungsliebe nicht mit der eigenen Person verwechseln.

dem kleinen, gewichtigen Unterschied allerdings, dass der Psychoanalytiker (wie Sokrates) den Einsatz seines Begehrens kennt, d. h. weiß, welche Logik seiner Liebe zugrunde liegt, dass sie nämlich durch Leere, die »Atopie des Eros« geprägt ist. Im Wissen um diese Bedingung wird der Analytiker das Objekt – das trügerische, göttergleiche »Agalma«-Objekt – das den Mangel der Liebe verursacht, in der Kur einsetzen und handhaben können. Geburtshelfermäßig, maieutisch wird er die »Gabe aus Nichts« seinem Analysanten anbieten, auf dass die Übertragung auf diese Weise, d. h. vor dem Hintergrund des eigenen Mangelbegehrens, zum Hebel der Kur werde und die Veränderungen in den Liebes- und Begehrenspositionen für den Analysanten möglich werden. Womit auch lacanianisch der Hebammenkunst der Übertragung Genüge getan wäre.[83]

Produktivität der Leere des Leere-Objekts

Die Liebe hat, wie gezeigt, ein zweifaches Geschick. Bei Platon gilt sie auf der untersten Stufe dem schönen jungen Körper eines Erastes und gilt auf der höchsten Stufe der Erkenntnis des Wahren und Schönen.

Mehr als 2000 Jahre später, in Zeiten kosmologischer Entzauberung, ist der Körper jetzt die einzige Quelle der Liebe geworden, besitzt jedoch nicht mehr die strahlende Anziehungskraft, die den schönen griechischen Körpern gegeben war. Wegen der Existenz des Unbewussten und der Triebe ist der Körper in der Liebe jetzt selbst ein Mangelding, genauer gesagt, ein durch Triebe zerstückelter Körper. Es ist dies ein Körper, der nicht mehr umstandslos Liebe und Begehren zu erregen vermag, sondern dazu auf die Vermittlung eines fremden Begehrens angewiesen ist. Notfalls auf das Begehren eines Psychoanalytikers.

---

83 Konkret ist das in etwa so vorzustellen, dass auch der Psychoanalytiker in der Position der Unwissenheit, der »doxa« ist – weil er trotz aller ausbildungsmäßigen Wissensvorsprünge im Verhältnis zum Analysanten nur das eine Mehrwissen hat, das besagt, dass die Ursache der Wahrheit des Begehrens im Sprechen liegt. Anders gesagt, dass das Gesetz des Begehrens und der Liebe in der Sprache liegt. Darüber hinaus ist er ähnlich wie der Analysant mit den Unsicherheiten und dem Mangel des Begehrens konfrontiert – auch wenn er über diesen Umstand informiert und infolgedessen gewarnt ist.

Vom Triebkörper her gesehen, wird das Ungenügen der Liebe also bekräftigt. (Freud spricht von den »Erniedrigung des Liebeslebens«)[84] Hatte die Liebe im *Symposion* bereits ein trügerisches Gesicht und war ein Streben, das die Sehnsucht doch immer enttäuscht, liegt ihr Ungenügen jetzt in dem Umstand begriffen, dass die Ziele der sexuellen Liebe, die Sexualstrebungen, eine Ganzheit vorgaukeln, die die unbewussten Triebe schlechterdings nicht erfüllen können.

Und trotzdem ist damit nicht alles *perdu*, denn psychoanalytisch gesehen kann die Liebe immer noch Wunder bewirken. Schließlich gibt es einen Anteil an Liebe und Begehren, der von den Zerstückelungen des verdammenswerten Triebkörpers ausgenommen bleibt und zuletzt doch einen Anschein von Einheit entstehen lässt. Zwar ist die Einheit, um die es sich handelt – wie gezeigt – negativ, doch gewinnt sie gerade daraus ihre einheitsstiftende Kraft.[85]

Erneut geht es um das abstoßend hässliche, dies verlockend herrliche Götterobjekt, das wegen seines Mangels, seiner Negativität eben ein unteilbares und ungeteiltes Objekt ist. Von einem schillernden Objekt wie diesem darf man erwarten, dass es die Metamorphosen der Liebe zustande bringt oder, terminologisch gesprochen, es die Kraft für Sublimierungen besitzt.

Handhabung der Übertragungsbeziehung

Für Sokrates, den Psychoanalytiker, war das klar. Anders als Breuer war er, was die Bedingungen der Liebe und den Einsatz des Objekts seines Begehrens angehen, darin hellsichtig bis zur Unbeugsamkeit. Er wusste, dass Liebe Mangel ist und das Begehren des Psychoanalytikers selbst ein unmögliches, mangelhaftes Begehren ist. Versehen mit ähnlichem Wissen rechnet auch der sokratische Psychoanalytiker den ureigensten Teil seiner selbst in die »Ausrichtung der Kur« ein und ist so in der Lage, mit der eigenen Leere und Schwäche zu operieren. Er ist damit davor gefeit, unerfüllte Liebe kitten zu wollen und schreckt, selbst »wo er hat«, nicht vor

---

84 Freud S. (1972/1912). Über die allgemeinste Erniedrigung des Liebeslebens. Studienausgabe, Band V. Frankfurt a. M., S. 197.
85 Vgl. dazu den Begriff der »leeren Menge« in der Mengenlehre. Dazu Ebbinghaus, H.-D. (2003). Einführung in die Mengenlehre. Heidelberg/Berlin.

der Gabe der Leere zurück. Als Atopos des Eros setzt er vielmehr darauf, dass auch in Zeiten der Überfülle aus einseitig Liebenden Liebend-Geliebte werden und aus einem Geliebten ein Geliebter und Liebender wird. Kurzum liebenswerte, gespaltene Wesen, denen das Unbewusste noch nicht gänzlich abhandengekommen ist!

Und die Übertragung, die Liebe an sich? Schlussendlich wäre sie doch eine Himmelsmacht, auch wenn sie nicht mehr vollkommen ist, sondern ihre Schattenseiten unverkennbar sind. Den Individuen stellt sie immer noch beides anheim: Sie können sich durch das Liebesobjekt beflügeln lassen oder in Unkenntnis seiner Bedingungen auf unerfüllter Liebe beharren, sofern sie sich nicht – wie weiland Breuer – von der Atopie des Eros von vorneherein in die Flucht schlagen lassen wollen.

5

Grenzfälle – Struktur und Singularität in der Klinik von »Borderlinern«

Michael Meyer zum Wischen

In der Psychoanalyse nach Lacan wird die Diagnose einer Borderline-Pathologie zumeist kritisch gesehen. Häufig wird auf die drei klinischen Strukturen von Psychose, Perversion und Neurose verwiesen und argumentiert, dass die Borderline-Diagnose eher aus einer Unbestimmtheit und Unentschiedenheit resultiert, wenn sich der psychoanalytische Kliniker strukturell nicht mehr zurechtfindet. Die Diagnose kann dann auch einem Widerstand des Analytikers entsprechen, der sich von seinem Analysanten durch Vielfalt oder Schwere seiner Symptome überfordert sieht, ihn schwer aushalten und nicht gut zuhören kann.

Ohne abzustreiten, dass es diese Art diagnostischer »Gegenübertragung« gibt, möchte ich hier von einer anderen Prämisse ausgehen. Sie wird inzwischen auch von Lacanianern vertreten, die sich nicht mit einer fast rituellen Dichotomie »Verwerfung des Namens-des-Vaters oder nicht« zufriedengeben wollen. So hat Roland Chemama darauf hingewiesen, dass wir zunehmend in der Kur mit Analysanten zu tun haben, die Häufungen von passage à l'acte und Schwierigkeiten der Symbolisierung zeigen, ohne psychotisch strukturiert zu sein. Die Probleme dieser Subjekte, sich auf ihr – über das symbolische Gesetz vermittelte – Begehren zu beziehen, sieht er als Kern einer vor allem sozialen Pathologie, deren gesellschaftliche Bedingungen weiter zu erforschen sind. Ich möchte aber bereits zu Beginn auch daran erinnern, dass der Begriff der Grenze in der Freud'schen Triebtheorie eine zentrale Rolle spielt, in der der Trieb als »Grenzbegriff zwischen Seelischem und Somatischem« definiert wird. Mit Lacan geht es hier um die Verknüpfung von Symbolischem und Realem. Die Grenze ist dabei ein topologischer Begriff, der sowohl auf Verbindung als auch auf Trennung verweist und damit auch auf das Verhältnis von Eros und Thanatos. Es verwundert in gewisser Weise, dass die Frage nach Borderline so oft ichpsychologisch und so selten von der Triebtheorie her aufgeworfen wurde.[86]

Auch ich gehe davon aus, dass sich die von unterschiedlichen Schulen unter dem Namen »Borderline« beschriebene Phänomenologie klinischer Symptome in analytischen Praxen tatsächlich immer häufiger findet. Trotz des Widerstrebens vieler lacanianischer Analytiker, die Diagnose »Borderline« zu verwenden, fällt doch auf, dass einige der von ihnen neuerdings stark gemachten Begriffe wie »psychose ordinaire« oder »perversion ordinaire« sich genau auf die Analysanten zu beziehen scheinen, die andere als »Grenzfälle« bezeichnen.[87]

Ich frage mich, ob die von Lacan ausgehende Psychoanalyse nicht sogar besonders geeignet sein kann, das verbindende Moment dieser Analysanten zu erfassen, ohne die klassische Unterscheidung von Psychose, Perversion und Neurose aufgeben zu müssen. Diese beruht vor allem auf den Prämissen des frühen Lacan. Die Grenzfälle zeigen jedoch die Grenzen dieses strukturellen Modells, das aus meiner Sicht durch die Theorie des Sinthoms des späten Lacan ergänzt werden sollte. Dieses gibt der Singula-

---

[86] Keul, C. (2003). »Es geht um die Grenze, auf der sich der Platz des Mangels einrichtet.« RISS. Zeitschrift für Psychoanalyse, 56, 39–68; Chemama, R. (2003). État limite. In R. Chemama & B. Vandermersch (Hrsg.), Dictionnaire de la psychanalyse. Paris, S. 126–128; Freud, S. (1946/1915). Triebe und Triebschicksale. GW X, S. 214; Michels, A. (Hrsg.). (2006). Les limites du corps, le corps comme limite. Paris. S. 7–16.
[87] Lebrun, J.-P. (2007). La perversion ordinaire. Paris; Miller, J.-A. (2005). La psychose ordinaire. La convention d'Antibes. Paris.

rität der Transformation des Symptoms als je eigene Art des Subjekts, sich zusammen zu halten, besonderes Gewicht.

Ich vermute, dass die Borderliner und Grenzgänger in unseren Praxen Subjekte sind, denen die Struktur nicht genug Halt bietet, um in ihr eine Stütze für ihr Begehren und Eingrenzung ihres Genießens zu finden. Das heißt, dass sie als Neurotiker z. B. keine umrissenen Phobien, Konversions- oder Zwangssymptome bilden konnten, als Perverse keinen fixierten Fetischismus und als Psychotiker keinen stabilisierenden Wahn. Sie sind Exilanten ihrer eigenen Struktur, ihr in äußerst ängstigender Weise entfremdet, Heimatlose. Angesichts dieser fundamentalen Ortlosigkeit, einer Art basaler Atopie, tritt ihre Struktur als potentieller Bezugspunkt vermutlich zurück. Daher vielleicht auch die Versuchung für sie, eine neue Struktur zu erfinden? Eine neue diagnostische Kategorie wird ihrer Besonderheit allerdings gerade nicht gerecht, die Grenze von Struktur zu markieren.

Wenn das Sinthom die kreative Möglichkeit des Subjekts beschreibt, für sich eine singuläre Form des Zusammenhalts von dem Realen (dem Genießen), dem Symbolischen (der Verankerung in der Signifikantenkette) und dem Imaginären (den Vorstellungen und dem »Selbstbild«) zu finden, dann ist gerade dieses Konzept fruchtbar, wenn die »klassischen« klinischen Strukturen nicht genug Halt bieten, an ihre Grenzen kommen. Diesem Gedanken möchte ich nun theoretisch, wie von der klinischen Praxis aus nachgehen.

Beginnen wir damit, wie eine Art von Borderline-Phänomenologie in den gängigen diagnostischen Manualen beschrieben wird.

Im DSM wird eine Borderline-Persönlichkeitsstörung wie folgt skizziert: »Ein tiefgreifendes Muster von Instabilität in den zwischenmenschlichen Beziehungen, im Selbstbild und in den Affekten sowie deutliche Impulsivität. Der Beginn liegt oftmals im frühen Erwachsenenalter oder in der Pubertät und manifestiert sich in verschiedenen Lebensbereichen.«[88]

Was aber hält nun ein Subjekt stabil? Mit Lacan kann man formulieren, dass ein Subjekt dadurch – relativ – stabil ist, dass es sich auf seine Struktur und das Symptom/Sinthom stützt, welches sich vermittels eben dieser Struktur bildet. Jede Struktur ermöglicht bestimmte Symptome, die sich bei der Neurose über die Verdrängung, bei der Perversion über die Verleugnung, bei der Psychose über die Verwerfung ableiten lassen. So finden sich paradigmatisch vereinfacht in der Neurose Konversion, Dissoziation,

---

88 Sass, H., Wittchen, H.-U. & Zaudig, M. (1996). Diagnostisches und statistisches Manual psychischer Störungen – DSM-IV. Göttingen.

Zwang und Phobie, in der Perversion Fetischismus und in der Psychose der Wahn. Es sind diese Symptome, die die sogenannten zwischenmenschlichen Beziehungen bestimmen, Affekte und Selbstbild. Das Problem, von zwischenmenschlichen Beziehungen zu sprechen, liegt in der Direktheit und Unmittelbarkeit, die der Begriff nahezulegen scheint. Von Lacan ausgehend gibt es diese Direktheit aber nicht, sondern jeder Bezug zum Anderen/anderen, zur symbolischen Ordnung, wie zum Nebenmenschen und auch zum Realen eben dieses Anderen, bedarf einer vermittelnden Erfindung, die man in verschiedener Weise auffassen kann, sei es als Metapher oder Symptom/Sinthom. Etwas muss immer in die Lücke eines basalen Non-Rapports einspringen, womit das Subjekt aber immer auch an Grenzen kommt.

Die Betonung von Affekt und Selbstbild in der zeitgenössischen Diagnostik klingt erst einmal so, als ginge es um die imaginäre Ebene, das Bild von uns und unserem Nebenmenschen und die mit ihm verbundenen Affekte. Letztere verweisen aber auch zugleich auf ein symbolisches Moment: Wie der Signifikant und die symbolische Ordnung (auch über die Kultur) das Subjekt affizieren, wird wesentlich von der Struktur und dem mit ihr verbundenen Symptom bestimmt. Aber auch das Reale kommt hier bereits indirekt ins Spiel: Wenn die Angst nicht lügt und auf das bedrohliche, traumatische und weder symbolisierbare, noch imaginär fassbare Reale verweist, so tritt sie bei jeder Struktur und jedem Symptom anders zu Tage. Der Signifikant vermag in einer lacanianischen Perspektive sowohl ein bedrohliches (dem Realen zugehöriges) Genießen und damit auch die Affekte zu regulieren, er richtet aber auch das Bild von uns Selbst und spiegelbildlich von unseren Nebenmenschen aus. Zugleich bestimmt er unser Verhältnis zu dem, was man als das »Objekt klein a« bezeichnet, dem verlorenen Objekt, das die Triebe umkreisen.

Dass z. B. eine Phobie die intersubjektiven Beziehungen anders gestaltet als ein perverser Fetischismus oder ein Wahn, ist evident.

In der Phobie werden bestimmte phantasmatisch besetzte unbewusste Szenarien gemieden, wodurch die Angst situativ begrenzt wird. Der Signifikant der Phobie (z. B. »Pferd« beim kleinen Hans) errichtet eine Grenze zu einem überwältigenden triebhaften Genießen (paradigmatisch das inzestuöse Genießen der Mutter) und damit auch eine Barriere zum Objekt a, das so auf Distanz gehalten wird. Dies bestimmt auch die Beziehungen zu den anderen, den Nebenmenschen, die in einem solchen Arrangement entweder gemieden oder in ihrer Schutzfunktion gesucht werden. Dies wiederum bestimmt das Bild des Subjekts von sich, wie von seinen Mitmenschen. Der Phobiker sieht sich selbst, meist in einer umrissenen

Form, als schwach und schutzlos, in einer kontraphobischen Variante umgekehrt als tollkühn und keiner Hilfe bedürftig. Dementsprechend ist das Bild des Mitmenschen für den Phobiker entweder das einer Schutzfigur oder aber eines Bewunderers oder Anreger seiner scheinbar angstfreien und schwindelerregenden Abenteuer. Wir erkennen hier modellhaft eine phobische Verknotung der drei Dimensionen des Realen, des Symbolischen und des Imaginären: von Angst, Trieb und Genießen (R), Signifikanten (S) und affektiv besetztem Selbst- und Fremdbild (I).

Eine solche Verknüpfung ist häufig stabil, wie auch ein perverser Fetischismus oder ein psychotischer Wahn.

Im Fetischismus wird die Angst durch einen fixierten Signifikanten gebannt, der Perverse sieht sich kraft seiner als Meister des Genießens. Seine zwischenmenschlichen Beziehungen sind dadurch bestimmt, wieweit die Nebenmenschen seinem postulierten absoluten Wissen über das Genießen dienlich sind oder nicht. Stellt jemand dieses in Frage, kann es zu heftigen affektiven Reaktionen kommen, die oft nur mühsam die Angst verdecken.

Beim psychotischen Wahn ist der andere auf dem Platz eines abzuwehrenden Verfolgers, was die Angst vor dem Eindringen eines das Subjekt auslöschenden Genießens eingrenzt, das vom Anderen kommt. Der Signifikant manifestiert sich hier als auferlegte Stimme eines überwältigenden Genießens, das sich das Subjekt im wahrsten Sinne des Wortes vom Leib halten muss. Die zwischenmenschlichen Beziehungen, von Argwohn und Misstrauen bestimmt, drehen sich um die Frage, ob der andere ein Verfolger ist oder vor eben dieser Verfolgung schützt.

Diese drei hier modellhaft skizzierten Beispiele einer lacanianischen Klinik zeichnen sich zuerst einmal durch eine strukturelle Stabilität aus, die die Symptomatik bestimmt.

Das DSM postuliert nun, dass es Subjekte gebe, die diese Stabilität vermissen lassen, und gerade das sei das besondere Kennzeichen ihrer Pathologie.

Letztlich lassen sich alle von diesem Manual erwähnten Besonderheiten auf dieses grundlegende Moment zurückführen. Wir lesen von einem starken Bemühen, nicht verlassen zu werden; einem Wechsel von Idealisierung und Abwertung in den zwischenmenschlichen Beziehungen; einer Instabilität des Selbstbildes und der Affekte mit starker Impulsivität; ferner von Selbstverletzungstendenzen, heftigen Wutausbrüchen, sowie passageren, gelegentlich auch schweren paranoiden und dissoziativen Symptomen. Hervorgehoben wird auch ein chronisches Gefühl von Leere. Insgesamt kann man diese vielfältigen Merkmale auf eine Fragilität der phallischen

Funktion zurückführen, die dem Genießen eingrenzende Bedeutung geben könnte. Daher auch das Erleben, sei es von quälender Leere, sei es von überwältigender Fülle. Die panische Angst, verlassen zu werden, verweist auf die Funktion des imaginären anderen, das eigene Bild zu stützen, und die damit verbundene Gefahr, ihn zu verlieren. Das passt zu den auch von Lacan mehrfach erwähnten, von Helene Deutsch erstmals beschriebenen, »Als-ob«-Persönlichkeiten, die ihr Selbstbild vom anderen imaginär-identifikatorisch bis geradezu imitatorisch entleihen.[89] Idealisierung und Abwertung sind die zwei Seiten dieser imaginären Medaille, die mit einer symbolisch schlecht vermittelten und so verschärften Hass-Liebe-Relation einhergeht, wenn die spiegelbildliche Relation Risse erhält. Die Schwäche symbolischer Artikulation und Metaphorisierungsmöglichkeit lässt das Subjekt dann zwischen rasendem Affektsturm und gähnender Leere schwanken und auf paranoide und dissoziative Symptome zurückgreifen, um eine minimale Stabilisierung herbeizuführen.

Mit dieser an Lacan orientierten Lektüre eines gängigen diagnostischen Manuals möchte ich auf zwei mir problematisch erscheinende Tendenzen hinweisen: auf die eine, vor allem bei Psychoanalytikern vorhandene, Neigung, diagnostische Beschreibungen pauschal abzulehnen und sie von vornherein als Ausdruck normierender Gewalt zu verdammen; und auf die andere, die besonders der Medizin und Psychologie eigen ist, mit der reinen Deskription die theoretische Fundierung der Diagnostik aufzugeben oder mindestens stark zu vernachlässigen. Dann verkommt sie in der Tat zum reinen Kontrollinstrument pharmazeutischer, gesundheits- und biopolitischer Interessen. Nicht eingegangen werden soll hier auf die ICD-10, die noch viel mehr als das DSM eine strukturale Einordnung vermissen lässt. Das DSM ist im Unterschied zur ICD multiaxial konzipiert. Neben der Symptomatik finden Persönlichkeitsstruktur, psychosoziale und medizinische Belastungsfaktoren sowie das sogenannte Funktionsniveau Berücksichtigung.

Erwähnen möchte ich hier jedoch Kernberg,[90] der die bekannteste psychoanalytische Theoretisierung der Borderline-Pathologie vorgelegt hat.

---

89 Lacan, J. (1997/1955f.). Das Seminar. Buch III: Die Psychosen. Weinheim/Berlin, S. 229.
90 Kernberg, O. F. (1983). Borderline-Störungen und pathologischer Narzissmus. Frankfurt a. M., S. 62–67. Zu Beginn meiner klinischen Tätigkeit haben Michael Dümpelmann und ich eine Fallgeschichte und deren theoretische Diskussion veröffentlicht, bei der wir zu dem Schluss kamen, dass Kernbergs Borderline-Konzept nicht weiterführen würde. Auch hier lag aus unserer Sicht weder eine Neurose,

Er geht von einer entwicklungsgeschichtlich begründeten Störung der Objektbeziehung im Sinne der angloamerikanischen Schulen aus. Er postuliert kurz gesagt, dass eine massive, wohl auch traumatische Beeinträchtigung in der Wiederannäherungsphase im Sinne Margaret Mahlers zu einer frustrationsbedingten prägenitalen Aggression führt, die eine Integration der Selbst- und Objektrepräsentanzen massiv erschwert. Das heißt, dass die Fähigkeit, ein Bild von sich und vom anderen zu entwickeln, beeinträchtigt ist, was als basale narzisstische Schwierigkeit aufgefasst werden kann. Daher die Betonung der Spaltung. Oralität und Analität sieht Kernberg als miteinander völlig verlötet an, was auf eine ungenügende phallische Differenzierung der Triebströmungen verweist. Die Beziehung zum anderen ist für Kernberg deutlich narzisstisch geprägt, was man so lesen kann, dass die Vermittlung durch den symbolischen Anderen bei diesen Subjekten auf tönernen Füßen steht. Das Konzept Kernbergs postuliert eine eigene Struktur, für die eine einheitliche Genese und Psychodynamik behauptet wird, was es schwer macht, die Singularität des Subjekts zu erfassen. Dieses wird aber auch in eine duale Beziehungsdramatik eingespannt geschildert, in der der Platz eines dritten Moments nicht klar erfasst wird. Allerdings weist Kernberg auf eine vorauseilende Ödipalisierung hin. Interessant ist auch, dass er von Borderline-Pathologien auf niederem, mittlerem und höheren Strukturniveau spricht. Hier drängt sich der Verdacht auf, dass es hier doch um Bezüge zu Psychose, Perversion und Neurose geht, die wieder durch die Hintertür eingeführt werden. Ich möchte diesen Zugang nun von Lacans Überlegungen unterscheiden, wie er sie in seinem dem Wolfsmann gewidmeten Seminar dargelegt hat, dem Seminar 0. Der Wolfsmann entspricht in vielem der oben dargelegten Phänomenologie, und Lacan spricht selbst von ihm im X. Seminar als cas limite.[91] Im Seminar von 1952/53 skizziert Lacan als Kern der Problematik

---

noch eine manifeste Psychose vor. Damals argumentierten wir eher von einem interaktionstheoretischen Ansatz aus, der Trauma und Narzissmus, sowie der Affektregulation besondere Bedeutung beimaß. Dümpelmann, M. & Meyer zum Wischen, M. (1994). Gibt es neue Grenzfälle? Eine Diskussion am Beispiel »Paranoia«. In G. Seidler (Hrsg), Das Ich und das Fremde. Opladen, S. 135–155.

91 Chassaing, J.-L. (2016). 1884 ou la naissance des »états-limites« ou sans limites. www.freud-lacan.com. Chassaing unterstreicht, dass Lacan im X. Seminar den Fall des Wolfsmanns von dem einer Schizophrenen differenziert. Beim Wolfsmann gibt es im Gegensatz zur Schizophrenen eine Einrahmung durch das Phantasma. In der Übersetzung des X. Seminars von Gerhard Schmitz heißt es (unveröffentlichte Arbeitsmaterialien des Lacan-Archivs Bregenz, S. 80): »Das, was für eine Schizophrene die Rolle ausführt, die der Wolf in diesem Borderline-Fall spielt, der

des Wolfsmanns einen »unvollendeten Ödipuskomplex«[92], der bei ihm zur Suche nach einem symbolischen Vater führt, der ihm gewissermaßen die Kastration beibringen soll. Dieses Moment ist in Kernbergs Borderline-Konzept höchstens insofern angedeutet, als er von einer überstürzten und vorzeitigen Ödipalisierung spricht, die die »frühe« narzisstische Aggressionsproblematik mildern soll, die im Übrigen auch Lacan konstatiert. Lacan jedoch spricht von einem Ödipuskomplex, der Auftakt bleibt, wobei das verwendete französische Wort »amorce« auch »Köder« oder »Zünder« heißen kann. Vielleicht geht es um eine Art Ladehemmung des Ödipuskomplexes, der vom betreffenden Subjekt immer wieder »nachgeladen« werden muss, um die Fixierung in einer narzisstischen Position zu lockern. Man kann sagen, dass Lacan am Beispiel des Wolfsmanns schon sehr früh eine pathologische Konstellation beschreibt, in der die Instabilität auf der Ebene der Ödipalisierung liegt und in der Bewältigung der Kastration. Der Name-des-Vaters, könnte man nachträglich sagen, ist nicht verworfen, sondern er muss ständig »nachgeladen« werden. Bemerkenswert ist auch, dass Lacan für den Wolfsmann eine Trias von hysterischem Kern, zwanghafter Neurose und paranoider Persönlichkeit konstatiert. Es bleibt hier recht unklar, wie dies zusammenkommt.[93]

Jean-Claude Maleval hat recht gut herausgearbeitet, dass es in den ersten Jahren der Herausarbeitung der Lacan'schen Verwerfungstheorie bei ihm noch keine klare Differenzierung der Verwerfung als einem basalen

---

der Wolfsmann ist – hier ist es ein Signifikant. Hinter die Äste des Baumes schreibt die fragliche Schizophrene die Formel ihres Geheimnisses: Io sono semper vista, nämlich das, was sie bis dahin nie hat sagen können, Je suis toujours vue.« (Das heißt, die Psychotikerin fällt mit dem Objekt a zusammen, während das Phantasma den Wolfsmann auf Distanz zum Objekt hält). In der von Jacques-Alain Miller herausgegebenen Fassung des X. Seminars (Paris, 2004) fehlt der Begriff Borderline an der betreffenden Stelle, was rätselhaft ist. Insofern taucht er auch von der von Jacques-Alain Miller autorisierten deutschen Übersetzung nicht auf (Lacan, J., 2011/1962f., Das Seminar. Buch X: Die Angst. Wien). Chasselaing, wie Schmitz, bezieht sich auf Manuskripte der Assoziation lacanienne internationale. Aber auch im Lacan Index von Henry Krutzen taucht die Bezeichnung des Wolfsmanns als Borderline-Fall auf (Krutzen, H., 2003, Jacques Lacan. Séminaires 1952–1980, Index référentiel. Paris). Vielleicht wurde die Differenzierung Lacans zwischen Schizophrenie und Borderline Millers Konzept der »psychose ordinaire« in Frage gestellt und deshalb übergangen?

92 Lacan, J. (1952f.). Séminaire sur l'homme aux loups. Introduction. espace.freud.¬ pagesperso-orange.fr
93 Lacan, J. (1952f.). Séminaire sur l'homme aux loups, a. a. O.

und generellen Moment der psychotischen Strukturbildung einerseits und einem an der Freud'schen Fallgeschichte des Wolfsmanns orientierten Beschreibung der Verwerfung als umrissenen Abwehrmechanismus gab. Die Halluzination des Wolfsmanns vom abgeschnittenen Finger ist weder für Lacan noch in der Folge für Maleval Hinweis auf eine Psychose des Wolfsmanns.[94] Sie verweist vielmehr auf eine fehlende Symbolisierung der Kastration in Folge einer traumatischen Urszene. Hier steht die Verwerfung im Kontext eines mit der Urverdrängung des Subjekts verbundenen Nicht-Sagbaren, eines nicht symbolisierbaren Realen und traumatischen Kerns. Sie muss dann im Zusammenhang mit der Urverdrängung gelesen werden. Verwerfung der Kastration wäre dann so etwas wie die fehlende symbolische Fassung eines überschüssigen traumatischen Restes, der der Urverdrängung entgeht und, wie beim Wolfsmann, mit einer extrem traumatischen Urszene zu tun hat. So spricht Lacan gerade beim Wolfsmann von einer Verwerfung der Kastration, nicht von der Verwerfung des Namens-des-Vaters. Das heißt, dass grundsätzlich eine Bejahung des Namens-des-Vaters vorliegt, diese aber an ihre Grenzen kommt. Lacan hat in der Folge seiner ersten Bemerkungen zum Wolfsmann die Verwerfung als generalisierte Nicht-Bejahung des Symbolischen radikalisiert, das durch den zentralen und privilegierten Signifikanten des »Namens-des-Vaters« garantiert wird, einem Signifikanten ohne Signifikat, der damit jede – phallische – Signifizierung garantiert. Die Auslösung der Psychose ereignet sich durch eine Konfrontation des Subjekts mit dem Vater als Signifikanten einer konstitutiven Leerstelle in der symbolischen Ordnung. Psychotische Phänomene wie beim Wolfsmann dagegen gehen zurück, wenn der Analytiker eine durch den »Namen-des-Vaters« bestimmte Position einnimmt, wie es Lacan und Leclaire für die Tranche des Wolfsmanns bei Mack-Brunswick gezeigt haben.[95] Hier kann die Verwerfung der Kastra-

---

94 Maleval, J.-C. (2000). La forclusion du Nom-du-père. Paris, S. 73–78.
95 Lacan, J. (1952/1953). Séminaire sur l'homme aux loups, a. a. O. Séance III. Leclaire, S. (2001). Psychoanalysieren. Wien, S. 72–88. Leclaire, S. (1998). A propos de l'episode psychotique que présenta l'homme aux loups (1958). In Écrits pour la psychanalyse II. Paris. Ich selber habe den Fall des Wolfsmanns ausgehend von Leclaire gelesen. Meyer zum Wischen, M. (2006). Der stumme Vater. Überlegungen zum Wolfsmann. In arbeitshefte kinderanalyse 36. Frankfurt a. M., S. 33–44. Darian Leader wiederum diagnostiziert beim Wolfsmann eine psychotische Struktur. Seine Neigung zum Malen deutet er im Sinne eines Sinthoms als Möglichkeit, den Ausbruch der floriden Psychose zu verhindern. Im Malen sei er Subjekt des Blicks, während er ansonsten Objekt des Blicks gewesen sei (so des Blicks der Wölfe). Ist nun das Malen ein Supplement der grundsätzlich fehlenden Ver-

tion offensichtlich durch die Intervention des Analytikers gemildert werden. Es ist interessant, dass diese klinischen Hinweise Lacans und Leclaires durchaus in einer gewissen Beziehung zu Kernbergs Beobachtung stehen, dass analytische Deutungen bei der Borderline-Pathologie psychotische Phänomene auflösen, während sie bei Psychotikern in den Zusammenbruch führen können. Maleval wirft nun, mit einer gewissen Polemik, Leclaire und Dolto vor, am frühen, Freud noch sehr nahen Verwerfungskonzept festgehalten zu haben und damit die Verwerfung als solche analytischer Intervention als zugänglich beschrieben zu haben; eine Tendenz, die er auch bei Mannoni und Green ausmacht, sowie anderen später abtrünnigen Lacan-Schülern.[96] Vielleicht nimmt er sich aber gerade dadurch die Chance genauerer Differenzierung.

Ich möchte hier die vorläufige Hypothese festhalten, dass es Analysanten geben dürfte, bei denen eine partielle Verwerfung (der Kastration) auftritt, wie sie Leclaire und Lacan in seinem Wolfsmann-Seminar beschrieben haben. In der Folge hat Lacan die Verwerfung des Namens-des-Vaters und die Verwerfung der Kastration in *La question préliminaire* unterschieden.[97] Analysanten, die die Kastration verwerfen, bleiben grundsätzlich in

---

ankerung in der symbolischen Ordnung? Rahmt sie dort, wo die Ansonsten durch die väterliche Metapher gestützte Rahmung versagt? Oder sichert das Malen eine fragile, aber doch vorhandene Möglichkeit der symbolischen Einrahmung? Das wäre die Option des »Nach-Ladens«. Ich möchte diese Frage offenhalten. Leader, D. (2012). What is madness? London, S. 246–272. Grundsätzlich finde ich Leaders drei entscheidende diagnostische Achsen zur Diagnose der psychotischen Struktur sehr überzeugend: Bei der Psychose finden wir immer eine, je nach Unterform typische, Störung der phallischen Signifizierung (meaning), der Lokalisierung der Libido, sowie der Beziehung zum Anderen. So kann in der Schizophrenie keine Bedeutung festgelegt werden, die Libido überflutet den Körper des Psychotikers unbegrenzt, und eine Grenzziehung zum Anderen ist unmöglich: Er invadiert das gesamte Subjekt total.

96 Maleval, J.-C. (2000). La forclusion du Nom-du-père, a. a. O., S. 76–77.
97 Lacan, J. (1986/1957f.). Über eine Frage die jeder möglichen Behandlung der Psychose vorausgeht. In Schriften II. Weinheim/Berlin. Die Verwerfung wird hier als »Verwerfung des Signifikanten« (S. 91) bestimmt, als Fehlen einer ursprünglichen Bejahung der symbolischen Ordnung, was es unmöglich macht, das Loch im Symbolischen zu symbolisieren. »Am Punkt der Anrufung des Namens-des-Vaters … kann also im Anderen schlicht und einfach ein Loch antworten, das durch das Fehlen der Metaphernwirkung ein Loch hervorruft, das dem Platz der phallischen Bedeutung entspricht.« (S. 91) Für die Auslösung der Psychose postuliert Lacan die Konfrontation des Subjekts mit dem Namen-des-Vaters, wie er es an Schreber deutlich macht. »Damit die Psychose ausgelöst wird, muss der Name-des-Vaters,

einem strukturellen Kontext, wie ihn Neurose oder Perversion vorgeben. Für sie würde dann auch Kernbergs Hinweis gelten, dass analytische Deutungen (mit metaphorischer Potenz) auch beim Vorliegen psychotischer Symptome nützlich sein können. Warum jedoch von »Borderline« sprechen? Eine Idee wäre, dass es sich um neurotische Subjekte handelt, die so weit an die Grenzen ihrer eigenen Struktur gehen, dass sie aus dieser gewissermaßen exiliert sind, ohne psychotisch strukturiert zu sein. Es könnte sein, dass es sich um Analysanten handelt, bei denen eine besondere Nähe zum Realen einer traumatischen Urszene besteht, die die grundsätzliche Verankerung in der durch den Namen-des-Vaters garantierten phallischen Funktion an ihre Grenzen bringt. Was nicht selten auch so formuliert wird: »Da bin ich an meine Grenzen gekommen.«[98]

Solche Analysanten können dann wie der Wolfsmann eine Fülle neurotischer und perverser Symptome zeigen, die die teilweise verzweifelten Versuche darstellen, der partiellen Schwäche der phallischen Funktion ab-

---

der verworfen, das heißt nie an den Platz des Anderen gekommen ist, daselbst angerufen werden in symbolischer Opposition zum Subjekt. Das Fehlen des Namen-des-Vaters an diesem Platz leitet nämlich durch das Loch, das es im Signifikat aufreißt, jene kaskadenartigen Verwandlungen des Signifikanten ein, die einen progressiven Zusammenbruch des Imaginären zur Folge haben, bis an den Punkt, wo sich Signifikant und Signifikat in der deliriierenden Metapher stabilisieren.« (S. 110–111) Lacan hat hingegen im ersten Seminar die Verwerfung der Kastration des Wolfsmanns beschrieben. »Die Kastration, die genau das ist, was für ihn nicht existiert hat, manifestiert sich unter der Form dessen, was er sich einbildet ... Das Subjekt ist durchaus nicht psychotisch. Es hat nur eine Halluzination. Es hätte später psychotisch sein können, es ist es nicht in dem Augenblick, wo es dies absolut begrenzte Kernerleben hat, das dem Erlebnis seiner Kindheit fremd, vollkommen desintegriert gegenübersteht.« (Lacan, J., 1990/1954. Das Seminar. Buch I: Freuds technische Schriften. Weinheim/Berlin, S. 78–79.)

98 Paul Verhaeghe hat mit Bezug auf Freuds Theorie der Aktualneurose vorgeschlagen, dass die heute als Borderline-Pathologie bezeichneten »neuen psychischen Leiden« mit einer frühen Störung im Bezug zum Anderen zu tun haben. Dieser versage in seiner Funktion, die Erregung des Kindes zu kanalisieren und zu verorten. Indem er sich auch auf Bindungstheorie und Neurophysiologie beruft, legt Verhaeghe nahe, dass es bei den späteren Grenzgängern um Subjekte geht, bei denen die Verarbeitung und Erregung und Angst als Kind missglückte. Dies kann bei depressiven Eltern vorkommen, aber auch wenn die Eltern zu viel Erregung verursachten. Es handelt sich um eine basale Unsicherheit gegenüber dem Anderen, was den Umgang mit dem Genießen angeht. Verhaeghe, P. (2015). Today's madness does not make sense. In P. Gherovici & M. Steinkohler (Hrsg.), Lacan on madness. London/New York, S. 68–79.

zuhelfen. Es sollte nicht vergessen werden, dass Freud schon beim Wolfsmann von verschiedenen »Strömungen« spricht.[99] So gibt es bei ihm einen hysterischen Kern, die Konversion als Ausdruck einer bedrohlichen Identifikation mit der Mutter, der er die intestinale Symptomatik partiell entlehnt, sodass es nicht zur totalen Identifikation kommt. In der Phobie kann sich der Wolfsmann auf einen Tiertotem als Surrogat des Vaters stützen, und seine zwanghafte Beschäftigung mit Religion führt behelfsmäßig eine symbolisch-väterliche Ordnung ein. Die pervers-fetischistische Sexualität des Wolfsmanns wiederum führt ein privilegiertes Objekt des Genießens ein, das Gesäß, das das Genießen buchstäblich fixiert und damit begrenzt. Besonders Leclaire hat die Bedeutung des Buchstabens W herausgearbeitet. Subjekt und Objekt fallen hier also nicht zusammen, die Punze des Phantasmas wird gewissermaßen immer wieder in Kraft gesetzt und symptomatisch abgesichert. Die paranoiden Krisen des Wolfsmanns, bezogen auf Nase und Zahn, sind der letzte Grenzweg der Absicherung der Kastration. Diese soll in extremis real durchgeführt werden. Man kann also diskutieren, ob die oft als Supplemente der väterlichen Funktion aufgefassten Symptome des Wolfsmanns sich nicht darin von denen der Psychotiker unterscheiden, dass sie einen grundsätzlichen Bezug zum Namen-des-Vaters nicht aufgegeben haben, der aber immer wieder, über eine reale Schleife, »nachgeladen« werden muss.

Von solchen Fällen wie dem des Wolfsmanns ist das abzugrenzen, was Jacques Alain Miller die »psychose ordinaire« genannt hat. Hier ist der Name-des-Vaters karent, und Metaphorisierung ist zumindest primär nicht möglich. Dennoch liegt keine floride Psychose vor, das Subjekt findet Supplemente, die den Zusammenhalt der borromäischen Struktur sichern.[100] Diese Ersatzbildungen des Namens-des-Vaters können »Als-Ob-Persönlichkeiten« sein, Imitationen neurotischer Symptome, bis dahin,

---

99 Freud, S. (1947/1918). Aus der Geschichte einer infantilen Neurose. GW XII, S. 117.
100 Stevens, A. (2016). La psychose ordinaire. Website der École de la cause freudienne: www.causefreudienne.net. Stevens nennt mit Bezug auf Miller verschiedene der Aspekte der psychose ordinaire: Imaginäre Identifikation, innere Leere, veränderter Körperbezug mit hypochondrischen Zügen und oft dezente Veränderungen des Sprechens und der Sprache. Diese Beschreibung wirkt durchaus etwas zu allgemein und birgt die Gefahr, jede schwer fassbare Pathologie zu psychotisieren. Andererseits gibt der auf die Störungen von Sprache und Körperbezug gesetzte Akzent die Möglichkeit, latente psychotische Strukturen bereits im Vorfeld akuter Dekompensationen zu erfassen.

dass man von »Transplantationen des Symbolischen« sprechen kann. Wir finden aber auch soziale Arrangements, symbolische Rahmungen, die latent psychotisch strukturierte Subjekte relativ stabil halten können. Ferner gibt es aber auch Subjekte, für die der Zusammenhalt über künstlerische Kreation möglich ist, wie es Lacan für Joyce paradigmatisch gezeigt hat. Hier geht der Weg dann nicht nur über das Symbolische oder Imaginäre, sondern über das Reale des Materials, so auch der Sprache, ohne aber das Symbolische wieder ins Spiel zu bringen. Man könnte von einer direkten Manipulation des Genießens sprechen, wie es Manipulationen des Symbolischen oder des Imaginären gibt. Oft zeigen solche Analysanten jedoch auch eine starke Instabilität, die sich in vielfachen pseudoneurotischen Symptomen, Süchten und Ängsten äußern kann. Maleval weist für die »psychose ordinaire« auf das Vorliegen von diskreter Labilisierung des Symbolischen, wie Neologismen, fehlender Bedeutungseingrenzung und Unterbrechungen in der Signifikantenkette hin. Damit verbunden sind ein Durchbrechen wenig gehaltener Formen des Genießens, Verweiblichung, Fehlen eines fundamentalen Phantasmas, das Überhandnehmen imaginärer Phänomene.

Ich möchte vorerst vorschlagen, dass die gängigen psychiatrischen Diagnoseschemata, aber auch psychoanalytische Konzepte wie das von Kernberg eine sehr heterogene Gruppe von Patienten/Analysanten unter dem Namen »Borderline« zusammenfassen. Ihr gemeinsames Merkmal scheint vor allem das zu sein, innerhalb ihrer Struktur in einer Art ständiger Instabilität zu bleiben, die aber selbst eine Art sekundärer Stabilität hervorrufen kann. Da sich Analytiker, Therapeuten und Psychiater mit solchen Patienten/Analysanten schwertun können (besonders, wenn ihnen selbst an schneller Klassifizierbarkeit und »Behandelbarkeit« liegt), gibt es offensichtlich eine Tendenz zur Verallgemeinerung letztlich doch singulärer Konstellationen. Trotz dieser Kritik könnte die Kontroverse um »Borderline« doch auch fruchtbare Aspekte haben: Sie würde auf die Grenzen der drei klinischen Strukturen selbst hinweisen. Es ist zu diskutieren, ob mit dem Niedergang symbolischer Referenzen in der Gesellschaft immer mehr Subjekte einem nicht vermittelten traumatischen Realen ausgesetzt sind, das jede strukturelle Rahmung sprengt. Die Neurose, wohl auch die Perversion, kommen hier an ihre Grenzen. Mit dem Niedergang klassischer Neuroseformen kommt es offensichtlich viel eher zu extrem singularisierten Symptom- bzw. Sinthombildungen, die auch auf partielle Formen der Verwerfung zurückgreifen. In diesem Sinn kann man Lacans in den 1970er Jahren gemachtes Diktum hören: »Tout monde délire.« Oder »Tout le monde est fou.«[101] Lacan spricht auch von einem »délire social«.

Auch die Psychoanalyse wird von ihm als Delir oder Scharlatanerie bezeichnet. Ihr Auftauchen entspräche dem schon zu Freuds Zeiten einsetzenden Niedergang der hergebrachten väterlichen Ordnung und der mit ihm verbundenen Notwendigkeit der Singularisierung der Subjekte, die sich nicht mehr auf vorgegebene symbolische Referenzpunkte stürzen können. Die borromäische Klinik des späten Lacan trägt dem mit der Pluralisierung des »Namen-des-Vaters« Rechnung.[102] Insofern nivellieren

---

101 Lacan, J. (2009/1976f.). Das Seminar. Buch XXIV: L'insu que sait de l'une-bévue s'aile à mourre. Arbeitsmaterialien des Lacan-Archivs, Bregenz 4, S. 42. Es ist bemerkenswert, dass Lacan gerade in diesem Kapitel den Fall des Wolfsmanns aufgreift und gegen seine Interpretation durch Abraham, Torok und Derrida polemisiert. Es ist die selbe Sitzung, in der Lacan behauptet, die Psychoanalyse sei ein »Wahn, von dem man erwartet, dass er eine Wissenschaft trägt.« (S. 40) Hier wird Lacans schillernde Verwendung des Begriffs »délire« sehr deutlich. Wahn wäre vielleicht das Wort für die imaginär-fiktive Füllung des Lochs im Wissen, dass heißt auch des Unbewussten, eines Wissens, das sich nicht weiß, worauf der Seminartitel aufmerksam macht. Letztlich zielt die Psychoanalyse auf das, was Lacan die Var(i)heit des Sinthoms bezeichnet: la variété. Man kann diesen Neologismus so lesen: die singuläre, nicht normierbare Wahrheit des Subjekts in Abweichung von einem klassifizierbaren Wissen über das Subjekt (S. 81). Auch der soziale Wahn dient dem Zustopfen des Lochs im Wissen. Dem setzt die Psychoanalyse ihre Form singulärer Poesie entgegen, die bis in die Schaffung neuer Signifikanten geht, wie Lacan im Seminar ausführt. Diese stopfen einerseits das unerträgliche reale Loch im Wissen, löchern aber zugleich das Wissen. Genau das ist aber die Arbeitsweise Lacans selbst in diesem Seminar, das voller Neologismen ist. »Der Kniff des Menschen ist, all das zuzustopfen, ich habe es Ihnen gesagt, mit Poesie, die Sinnwirkung ist, aber ebenso Lochwirkung. Es gibt nur die Poesie, habe ich Ihnen gesagt, die die Deutung erlaubt, deshalb schaffe ich es nicht mehr, in meiner Hinsicht, dass sie hält. Ich bin nicht genug Poet: Ich bin nicht Poet genug.« (S. 93) In dieser Perspektive des späten Lacan relativieren sich die diagnostischen Differenzierungen; was sich allerdings unterscheidet, ist die je unterschiedliche Form der sinthomatischen Wahnbildung. Grenzgänge sind dann vielleicht in besonders insistierender Weise Suche nach der eigenen Singularität, wo der sozial bestimmte Wahn nicht mehr hält. Grenzgänger verweigern sich in gewisser Hinsicht der Klassifizierbarkeit, ohne sie grundsätzlich in Frage zu stellen. Denn Lacans Argument gegen Derrida war durchaus, dass man nicht nach Belieben Psychotiker sein könne.

102 Im Seminar Les non-dupes-errent (1973/74) hat Lacan unterstrichen, dass der Name-des-Vaters durch die Benennung (nommer à) ersetzt werden kann, um den Zusammenhalt von RSI zu sichern. Der Seminartitel ist homophon zur Pluralisierung der Namen-des-Vaters. Unveröffentlichtes Manuskript, Sitzung vom 19. März 1974.

sich die grundsätzlichen klinischen Bezugspunkte der Psychoanalyse wieder. Denn die Herausforderung des Psychotikers, sich jenseits der symbolischen Ordnung als Subjekt zu schaffen, betrifft wohl nun auch die Neurotiker und Perversen in verschärfter Weise. Grundsätzlich geht es um die Frage, wie ein »Stepppunkt« eingeführt werden kann, der das Subjekt vor einem überwältigenden Genießen schützt. Wurde dieser beim frühen Lacan von einem privilegierten Signifikanten bereitgestellt, verliert das Symbolische später seinen Vorrang. Der Übergang vom Namen-des-Vaters zum Vater-des-Namens führt zur Bedeutung der Benennung als einem realen Moment der Steppung. Lacan hat im Angstseminar in seinen Bemerkungen zu dem Film *Hiroshima mon amour* entfaltet, wie die Benennung der Geliebten einem traumatischen Verlust entgegenwirkt und eine melancholische Bedrohung in Grenzen hält.[103] Neben der Bedeutung der Benennung kann man auch auf die »Spleißung« verweisen, von der Lacan im Seminar zum Sinthom spricht. Sie schafft eine Distanz zwischen dem Symptom und dem realen Parasiten seines Genießens.[104]

Erwähnt werden soll hier auch, dass es einige Berührungspunkte zwischen einem kleinianischen und einem lacanianischen Zugang zu Borderline gibt. Die Skepsis gegenüber einer Vereinheitlichung der Borderline-Diagnose findet sich auch bei kleinianischen Autoren. Diese ziehen allerdings meist auch keine so strenge Trennlinie zwischen Neurose und Psychose, wie es für eine lacanianische Perspektive üblich ist. Die Bedeutung eines fehlenden, aber doch gesuchten, dritten Moments angesichts einer traumatischen Urszene wird zum Beispiel von Ronald Britton betont. Da es im kleinianischen Kontext jedoch keine Differenzierung zwischen RSI gibt, bleibt die Bestimmung dieses dritten Terms allerdings etwas unklar. Interessant ist im Hinblick auf Lacans späte Pluralisierung des Namens-des-Vaters, dass John Steiner dem Objekt »Blick« separierende Potenz zwischen Mutter und Kind zugesprochen hat; sofern dieses (reale) Objekt

---

103 Lacan, J. (2010/1962f.). Das Seminar. Buch X: Die Angst. Wien, S. 425. Vgl. Meyer zum Wischen, M. (2010). Hiroshima mon amour: Trauer, Schmerz und Angst. In G. Mein (Hrsg), Übersetzung, Übertragung, Vermittlung. Wien, S. 143–164. Zur Bedeutung des Namens und der Benennung für die analytische Arbeit mit Psychotikern habe ich folgende Arbeit verfasst: Meyer zum Wischen, M. (2007). Zur Erfindung eines Namens – Gedanken zu Übertragung und Wort in der Psychose. In P. Widmer & M. Schmid (Hrsg.), Psychosen: eine Herausforderung für die Psychoanalyse. Bielefeld, S. 121–149.
104 Lacan, J. (1975f.). Das Seminar. Buch XXIII: Das Sinthom. Arbeitsmaterialien des Lacan-Archiv, Bregenz, S. 53.

etwas vom Begehren der Mutter (für den Vater) transportiert. Auch seine Idee des seelischen Rückzugsorts weist meines Erachtens einen Bezug zum Sinthom auf. Technisch ist interessant, dass die Neokleinianer der Benennung gegenüber der Deutung den Vorzug geben.[105]

Ich möchte die Frage stellen, ob man nicht klinischen Vereinheitlichungen gegenüber skeptisch bleiben sollte. Wäre es klinisch vielleicht doch fruchtbarer, nicht alle Grenzfälle vereinfachend einer nicht ausgelösten Psychose, bzw. »psychose ordinaire« zuzuordnen? Könnte man bei denen, die gelegentlich auf die Verwerfung der Kastration zurückgreifen, nicht doch von neurotisch strukturierten Subjekten ausgehen, die die Möglichkeiten ihrer Struktur gewissermaßen ausgeschöpft haben und an die Grenzen ihrer Möglichkeiten gekommen sind, das traumatische Reale symbolisch zu fassen? Sie würden aber, exiliert aus ihrer Struktur, doch nicht in der Psychose aufgehen und gerade mit Hilfe der analytischen Arbeit immer wieder eine Art Rückbezug zur Neurose finden können. Andererseits ist das Gewicht nicht ausgelöster, latenter Psychosen nicht zu unterschätzen, was auch Darian Leader unterstreicht.[106] Sie unterscheiden sich von den neurotischen und perversen Grenzgängern durch primäre Störungen auf der Ebene des Sprechens und der Sprache, die der an Lacan geschulte Kliniker hören kann. Hier fehlt dann auch die phantasmatische Rahmung. Kernbergs Versuch, beide Gruppen zu vereinheitlichen, überzeugt mich nicht. Die generelle von ihm postulierte Ätiologie und Psychogenese scheint mir wie ein schließender Pfropf, etwas zusammenzuhalten, das trotz ähnlicher Phänomenologie nicht in eins fällt. Die psychotischen Grenzgänger wären dann Subjekte, die die Grenzen ihrer Struktur überschreiten können, um sich im Exil genügend symbolische und imaginäre Bruchstücke zusammensammeln zu können und damit etwas zu konstruieren, das sie weitergehen lässt.

Vielleicht ist ein verbindendes Moment jedoch das Feld der Übertragung, das als eine Art von a/A-Topie beschrieben werden kann. Wenn der Psychotiker die Grenze auf diesen Raum hin überschreiten kann, kann er dem Analytiker vielleicht doch etwas Symbolisches entleihen, ihn darüber

---

105 Einige dieser Punkte sind in meiner Rezension des Buches von Britton, Feldmann und Steiner »Groll und Rache in der ödipalen Situation« weiter ausgeführt. Hier wird auch die Bedeutung des Narzissmus näher untersucht. Meyer zum Wischen, M. (2003). Rezension. In S. Mentzos & A. Münch (Hrsg.), Borderline-Störung und Psychose. Göttingen, S. 91–97.
106 Leader, D. (2012). What is madness? London, S. 9–34. Leader spricht von »quiet madness«.

hinaus als Nebenmenschen annehmen, in dem er sich imaginär spiegeln kann, aber auch ein Objekt ins Spiel bringen, das keinem gehört und mit dem es einen Umgang geben könnte. Beim neurotischen Grenzgänger müsste der Analytiker in anderer Weise eine solche atopische Region betreten und bereit sein, nicht darauf zu beharren, der Analysant müsse doch den Rahmen seiner neurotischen Struktur einhalten. Wenn Lacan betont, das Knoten und Entknoten sei real und nicht metaphorisch zu verstehen, wäre der Analytiker beim Psychotiker gefragt, ihn beim Knoten durch sein Hören und auch sein Wort zu unterstützen.[107] Beim Neurotiker dürfte er angesichts seiner vom Realen aufgenötigten Entknotungen nicht in Angst geraten, um die notwendigen kastrativen Schnitte und Schritte stützen zu können.

Einige Beispiele: Ein Analysant, nach mehrfachen Aufenthalten in der Psychiatrie, unter der Diagnose einer schizophrenen Psychose, äußert nach einigen wenigen ersten Sitzungen, er fürchte, jemand könne während der Analyse den Raum betreten, und ich würde dann mit dieser Person sprechen und ihn des Zimmers verweisen. Er wisse, dass das wohl so nicht passieren werde und könne sich fragen, um welchen Eindringling es geht. Dann taucht entsprechendes Traummaterial auf, das sich in ähnlicher Weise auf die analytische Situation bezieht. Auch hier ist der Traum für den Analysanten etwas, das übersetzt werden muss. Dann passiert etwas: Ohne an meinen Termin mit dem Analysanten zu denken, bestelle ich für die betreffende Zeit seiner Sitzung einen Heizungsmonteur, der nach kurzem Klopfen einfach den Raum betritt. Blitzartig wird mir die Verbindung zum Material der bisherigen Analyse klar, und ich bitte den Mann, das Zimmer zu verlassen und erst später wiederzukommen. Der Analysant ist völlig bestürzt über diesen Einbruch, äußert dann, wie unheimlich das alles sei, er aber auch erleichtert, dass ich den Fremden fortgeschickt hätte. Die Stunde nimmt wieder ihren Gang, aber nach einigen Minuten sagt

---

107 Lacan, J. (1988). Radiophonie. Television. Weinheim/Berlin, S. 68. »Denn diese Ketten sind nicht von sens, sondern von jouis-sens, was Sie schreiben können, wie Sie wollen, gemäß den Äquivoken, das das Gesetz der Signifikanten ist.« Es geht um die Materialität der Sprache, die eine Verknüpfung von RSI materiell und ganz real ermöglicht und so die Regulation des Genießens ermöglicht (wie damit auch der Affekte). Das berührt die Frage einer Klinik der Analyse der Grenzgänger. Bezüglich der Psychosenanalyse habe ich einige Überlegungen angestellt. Ob diese auch für den Grenzgang gelten, bleibt auszuarbeiten. Meyer zum Wischen, M. (2013). Der Materialismus des Symptoms bei Lacan und die Klinik der Psychose. Y – Revue für Psychoanalyse, 1, 35–52.

der Analysant, er höre geradezu, wie das Holz der Tür langsam einreiße. Panik kommt bei ihm auf und er hört schließlich eine ihn beschimpfende Stimme.

Schon an diesem Punkt kann einige Irritation über die Bandbreite dessen auftauchen, was hier in der Analyse und der Übertragung auftaucht: scheinbar phantasmatisch organisiertes Material, das sich auf einen Eindringling bezieht, ein auf diese Inhalte bezogener Traum, eine vom Analytiker provozierte Inszenierung, die dann in psychotische Ängste bis hin zur Halluzination führt.

Das psychotische Aufflammen kollabierte aber schon wieder in der Situation selbst, als der Analytiker äußerte, das sei ja ein schlimmer Schreck gewesen, als die Befürchtungen des Analysanten wahr zu werden schienen. Er frage sich allerdings, warum er nun beschimpft werde. Darauf folgte recht bald ergiebiges Material, das die Worte der Stimme auf Äußerungen der Mutter bezog, allerdings in einer Weise, in der der ursprüngliche Text umgeschrieben auftauchte. Es drehte sich dabei um einen familiären Eindringling.

Im Vergleich hierzu einige Bemerkungen zu einer Frau, bei der vor ihrer analytischen Arbeit bei mir ebenfalls die Diagnose einer schizophrenen Psychose gestellt worden war. Sie suchte mich wegen einer Schwierigkeit ihrer Paarbeziehung auf, in der sie von einem vermutlich drogen- und alkoholabhängigen Mann betrogen und, wie sie sagte, wie ein Stück Dreck behandelt wurde. Zuerst hatte ich den Eindruck, die Arbeit könne sich wie bei einer hysterisch-masochistischen Neurose entwickeln und die aktuelle Situation als Reinszenierung gehört werden. Die Analysantin lieferte aber keinerlei Material in dieser Hinsicht, berichtete keine Träume, sondern sprach immer wieder nur über das absolut Unerträgliche ihrer Beziehung. Dem Analytiker sagte sie wiederholt, sie brauche ihn als Zeugen ihrer Misshandlung und Stütze für eine Trennung, die sie schließlich vollzog. Sie kam wiederholt in die Sitzung mit Zetteln fragmentarischer Sätze, die so – und zwar genau so – von ihrem Freund geäußert worden waren. Der jeweilige Kontext der Äußerung fehlte, wie auch jede Form subjektiven Kommentars ihrerseits. Im Text selbst fielen Brüche auf, Fehlen von Zusammenhang und etliche grammatikalische Fehler. Ich hatte den Eindruck eines geradezu gemarterten Textkörpers. Ich hatte von dieser Analysantin in der ersten Stunde von massiver Misshandlung durch ihre Mutter gehört, die sie allerdings nie in Zusammenhang mit ihren aktuellen Schwierigkeiten brachte. Der Vater dieser Frau war in der Kindheit fast immer abwesend gewesen; tauchte er jedoch kurz in der Familie auf, ließ die Mutter von ihren Quälereien ab. Das dann immer wieder für sie plötzliche Verschwinden des Vaters war die Katastrophe. Nach der Trennung vom Freund wurde sie nun schwer depressiv. Sie kam in die Stunden und erzählte sehr konkret von jeweils kleinen Begebenheiten ihrer Geschichte mit dem früheren Freund, die einen engen Bezug von Oralität und gewalttätiger Sexualität aufwiesen und offensichtlich von einer gewissen Erregung begleitet waren. Ohne dass ich dies kommentierte und ohne von der Analysantin auch nur befragt worden zu sein, minderte sich im Laufe der Stunden dieses eigentümliche Genießen und machte einer Art Erschöpfung Platz, die sich auch so zeigte, dass sie gelegentlich nicht zu den Sitzungen kam.

Der Unterschied beider klinischen Situationen ist deutlich. Obwohl es bei beiden klare anamnestische Hinweise auf psychotische Episoden gab, zeigten sich doch bemerkenswerte Unterschiede.

Beim Analysanten produzierte sich im Rahmen eines Acting Out in der Übertragung eine floride psychotische Symptomatik, die sich allerdings wieder legte, indem seine Signifikanten gehört und imaginär-phantasmatische Momente zur Sprache kommen konnten. Der Analysant träumt und artikuliert Material, das die Struktur einer Phantasie aufweist. Das Sprechen dieses Mannes weist außerhalb des kurzen psychotischen Einbruchs keine Anzeichen einer Beeinträchtigung der Metaphorik auf, keine Neologismen, Unterbrechungen der Logik, und er gibt dabei keine Hinweise auf eine latente psychotische Struktur. Hier kann man diskutieren, ob eine umrissene Verwerfung vorliegt, die psychotische Symptomatik folgte einer Konfrontation mit der Urszene und damit der Kastration.

Bei der Analysantin ließ sich zum Zeitpunkt unserer Arbeit keine produktive psychotische Symptomatik erkennen, jedoch Besonderheiten ihres Sprechens und ihres Bezugs zur Sprache, die auf eine psychotische Struktur hindeuteten. Ihr Konkretismus stand mit ihrer Unfähigkeit in Verbindung, Metaphern zu bilden und zu verstehen. Die Arbeit in der Analyse bestand in konkreten Modifikationen ihres Genießens. Die manifest geschilderte, erst hysterisch anmutende masochistische Beziehungsproblematik erwies sich also als eine neurotisch-perverse Plombe, auf deren Wegfall eine melancholische Krise folgte. Die früheren schizophren diagnostizierten Krisen waren aufgetreten, als sie sich nach der Trennung vom Vater ihrer Töchter aufgerufen sah, auch den Platz des Vaters besetzen zu sollen. Auslöser der Psychose war also die Konfrontation mit dem Signifikanten des Vaters, auf dessen Karenz in ihrem Leben ich schon hingewiesen habe.

Abschließend möchte ich auf ein rätselhaftes klinisches Phänomen hinweisen, das ich bei einigen Analysanten gefunden habe. Es handelt sich um eine Schwierigkeit, rechts und links unterscheiden zu können. Die Rechts-Links-Unterscheidung schafft für das Subjekt einen Bezug zum Raum und verknüpft den genießenden Körper und sein Bild mit einer symbolischen Kartographie. Ich habe den Eindruck, dass es Fälle gibt, in denen dieses Symptom eine Art hysterische Konversion darstellt, die von prinzipiell deutbaren Phantasien über rechts/links getragen ist. Bei einigen Analysanten mit vermutlich psychotischer Struktur bleibt diese Besonderheit, wenn man so sagen will, auch nach längerer Zeit unverändert im Raum stehen und zeigt keinerlei assoziativen Kontext. Bei einer dritten Gruppe findet sich umrissenes traumatisches Material, das sich nach meiner Erfahrung regelmäßig auf einen perversen Vater bezieht, der den Bezug des kindlichen Körpers zum symbolisch strukturierten Raum nach eigenen Gesetzen willkürlich interpretiert und gestaltet.

Ich möchte dazu ermuntern, von solchen klinischen Phänomenen und ihrem Auftauchen in der klinischen Situation auszugehen, um den Grenzgängern besser folgen zu können. Auch die Frage der Verwendung der Couch kann aus meiner Sicht dann besser beantwortet werden, wenn wir zu genaueren Differenzierungen kommen. Diese würden vielleicht erhellen, warum sich die Analyse als psychotisch vermuteter Analysanten auf der Couch doch viel besser entwickelt, als es die bisherigen theoretischen Ansätze nahelegen.

6

Psychose und Perversion

Franz Kaltenbeck

Ein 35-jähriger Mann beklagt sich, unter obszönen »Visionen«, Zwangs-Phobien (*phobies compulsives*) und unerträglicher Schlaflosigkeit zu leiden. Wenn er Kindern auf der Straße begegnet, sieht er sie manchmal in »sexuellen Posen«. Diese »Visionen«, jagen ihm Abscheu und Schrecken ein. Er bekämpft sie mit seltsamen Riten, die er »psychologische Montagen« nennt. Seit der Geburt seines Sohnes leidet der Patient unter einer noch ärgeren Vision: Jemand, vielleicht sogar er selber, schneidet seinem kleinen Sohn den Penis ab. Und wenn er ein Messer auf dem Tisch erblickt, kann es geschehen, dass er gleich sieht, wie er seine Frau damit ersticht. Dieser Mann ist nicht vorbestraft, hat nie ein Sexualdelikt begangen und arbeitet in einem Beruf, der ihm viel abverlangt. Er hat eine brutale Erziehung von seinem strenggläubigen Vater erduldet, der sich offenbar für den rechten Arm des Gesetzes hielt.

Noch seltsamer war, was eine 24-jährige Frau erzählte. Knapp nachdem ihre Schwester einen Knaben auf die Welt gebracht hatte, drängte sich ihr die Idee auf, einen kleinen Jungen zu verführen und zu quälen. Nie hatte sie ein derartiges Phantasma gehabt, und ihre Idee war umso rätselhafter, als sie nicht Männer, sondern Frauen liebte und mit einer Frau zusammenlebte.

In beiden Fällen, deren Symptome gar nicht so selten sind, erlaubte es die Analyse, klare Diagnosen zu stellen. Beide Personen litten unter Psychosen. Keine von beiden war zur Tat geschritten, sie hatten aber Angst vor einem passage à l'acte. Die perversen Tatbestände der Pädophilie gehören zu den am meisten verabscheuten Verbrechen unserer Gesellschaft. Eben deshalb können sie das individuelle wie das kollektive Überich aufheizen.

Aber wie vertragen sich perverse Phantasmen oder perverser Wahn mit der klinischen Struktur der Psychose? Ist es nicht eine der grundlegenden Überzeugungen der Freud'schen Psychoanalyse, dass die drei klinischen Strukturen, Neurose, Perversion und Psychose, zwar interagieren können, sich aber nicht vermischen? Es ist viel interessanter, die Selbstständigkeit der drei Strukturen anzunehmen und die Situationen genau zu studieren, wo sie zusammenwirken, als ihre Diffrenzen zu verwischen.

Man wird nun vielleicht darauf hinweisen, dass in den beiden Fällen von Psychosen, die wir nicht ausführen können, perverse Ideen vorkommen, aber nicht deren Verwirklichungen, dass die Perversion in diesen Fällen auf das Phantasma oder den Wahn beschränkt bleibt. Das ist richtig, es gibt aber auch Psychotiker, die zu perversen Handlungen schreiten.

Ein Fall von Pädophilie bei einem Psychotiker

Herr Forestier wartete in einem französischen Gefängnis auf seinen Prozess, als er sich dort an mich wandte. Ich arbeitete in dieser Haftanstalt als Psychoanalytiker. Er hatte schon elf Jahre vorher eine Strafe wegen des Tauschs kinderpornographischer Videokassetten abgesessen, jedoch niemandem von unserem Personal von dieser ersten Strafe erzählt. Überhaupt hatte er große Schwierigkeiten mit der Wahrheit. So wollte er seiner Psychiaterin und mir weismachen, dass er nicht an den kleinen Mädchen interessiert war, die er auf der von ihm besuchten Website anschaute, sondern an Eunuchen. Er sei auf die verbotene Website mit den Bildern nackter Kinder gegen seinen Willen geglitten. Dort wurde er auch von der Polizei identifiziert. Eunuchen und kleine Mädchen hätten gemein, kastriert worden zu sein. Er wurde damals noch nicht des Kindesmissbrauchs verdächtigt. Herr Forestier war verheiratet und hatte zwei heranwachsende Töchter. Er war ein 45-jähriger intelligenter Ingenieur. Er schämte sich, eingesperrt worden zu sein. Seine Frau hatte sich von ihm getrennt, seine Töchter ließen nichts mehr von sich hören. Nur seine alten Eltern kamen ihn besuchen, aber seine Mutter war schon todkrank. Sie starb, als er nach neun Monaten Arrest nach Hause kam. Während seiner Haft litt er an Harnverhalt, was ihn zum Tragen eines Katheters zwang. Dieses Symptom trat zu Beginn seiner Untersuchungshaft auf, als er seine Zelle mit mehreren Häftlingen teilen musste. Schon als Kind musste er sich verstecken, wenn er urinieren wollte. Er fragte sich damals, ob er ein Recht dazu habe, einen Penis zu tragen.

Er hing sehr stark an seiner Mutter. Ihre Krankheit und ihr Tod brachten ihm seine Abhängigkeit wieder in Erinnerung. Seine Eltern gaben ihm einen jener französischen Vornamen, den sowohl Jungen als auch Mädchen tragen können. Seine Mutter hätte an seiner Stelle lieber ein Mädchen gehabt. Sie behandelte ihn, als wäre er ein Mädchen: Er musste eine Haarspange tragen, und sie schenkte ihm eine Puppe, der er einen Phallus aus Plastilin anklebte, um ihn ihr nach Belieben wieder abzunehmen und eine Vulva an seiner Stelle zu markieren.

Die Kastration ist eine symbolische Operation, lehrt Lacan. Ihr Agent ist der reale Vater, ihr Objekt ist der imaginäre Phallus. Schon als Kind konnte Herr Forestier diese Ordnung nicht anerkennen, sondern *verwarf* die symbolische Kastration. So verknüpfte er die drei Konsistenzen des Realen, Symbolischen und Imaginären hinsichtlich der Kastration falsch. Warum können wir auf diese Verwerfung schließen? Für ihn war nicht der Vater der reale Kastrator, die Kastration selbst war nicht symbolisch, ihr Objekt war nicht der imaginäre Phallus. Eine seiner Kindheitserinnerungen zeigt uns diesen Verknüpfungsfehler:

Der Junge ging mit seinem Vater in einem Park spazieren. Da fühlte er die Präsenz eines fremden Mannes hinter sich. Es war »der Mann mit der Baskenkappe«, und von ihm fühlte er sich bedroht, kastriert zu werden. Im Gefängnis war es die Masse der Häftlinge, von der diese Drohung ausging. Immer erfolgte sie sprachlos, sie war keine Ankündigung, sondern schon der reale Schrecken selbst. Auf seinen Spaziergängen mit dem Vater hörte er auch Kinder schreien und deutete ihre Schreie als Ausdruck ihres Terrors angesichts dessen, was ihnen geschah: Sie wurden, dachte er, wirklich kastriert.

Ein neurotischer Junge erfährt die Kastrationsdrohung ab dem Augenblick, in dem er wahrnimmt, dass seine Mutter oder seine Schwester keinen

Penis haben. Nach dieser Entdeckung wird er diesen Mangel des von ihm geschätzten Organs verleugnen, um seinem masturbatorischen Genießen weiter nachgehen zu dürfen. Der junge Forestier erlebte die Kastration nicht als eine überraschende Wahrnehmung des weiblichen Penismangels, und er fürchtete nicht, von Frauen während des Geschlechtsverkehrs kastriert zu werden. Er hing nur dem deliranten Glauben an, die Mädchen seien kastrierte Knaben. Er sagte sich, dass ihm dieser Glaube ja erlauben würde, den Wunsch seiner Mutter zu befriedigen, ein Mädchen an seiner Stelle zu haben, wenn er die Kastration auf sich nähme. Das war aber nicht möglich, da sie ihm ja von einem Fremden aufgezwungen werden würde. Er wählte einen anderen Weg.

Mit 16 Jahren wollte er sich selbst mit einer Schere verstümmeln und kommentierte seinen Gedanken mit seiner Ausweglosigkeit: »Das hatte ich zu tun!«. Dennoch wollte er niemals in seinem Leben sein Geschlecht im Sinn des Transsexualismus ändern. Er verspürte nie den Wunsch, eine Frau zu werden, obwohl seine Mutter lieber einem Mädchen das Leben gegeben hätte. Sein Wunsch war offensichtlich ein Kompromiss: Er wollte der Phallus seiner Mutter sein. Das konnte er ja genauso gut als Junge wie als Mädchen. Er hatte also keinen Zweifel, was sein Geschlecht betraf: Er war ein Mann. Er heiratete und zeugte zwei Kinder.

Forestier war fähig, systematisch zu denken. Das verlangte auch sein Beruf. Er wollte uns mit seinen Forschungen auf dem Gebiet der Eunuchen beindrucken, gab vor, viel Literatur zu diesem Thema studiert zu haben, wollte uns aber vor allem von dem Verdacht ablenken, er habe in Wirklichkeit pädophile Neigungen. Sein Richter glaubte ihm nicht, wenn er behautete, er sei beim Surfen im Internet nur zufällig im pädopornographischen Darknet gelandet.

Ohne Zweifel war Herr Forestier ein Psychotiker. Die Schreie der Kinder, die er hörte, konnten im besten Fall interpretative Täuschungen sein, wahrscheinlich sogar Halluzinationen. Seine Angst physisch kastriert zu werden, wies darauf hin, dass er die symbolische Kastration verworfen hatte, diese Angst war also die Rückkehr der verworfenen Kastration im Realen, die ihn sein Leben lang begleitete.

Doch bei all seinen psychotischen Elementarphänomenen und der klar ans Licht geförderten Verwerfung im Symbolischen zeichnete sich schon ein Element von Perversion ab: Mit Lust versuchte er, seine Psychiater und seinen Analytiker in die Irre zu führen, als er mit der Eunuchen-Fabel seine pädophilen Neigungen verschleierte.

Forestier konnte das Gefängnis Anfang 2008 verlassen; er kehrte in sein Elternhaus zurück, da seine Frau sich weigerte, mit ihm wieder zusammen zu wohnen. Auf den Tod seiner Mutter reagierte er mit einer leichten Manie. Ich riet ihm, bei Dr. L., einer Psychiaterin in seiner Stadt, in Behandlung zu gehen.

Über ein soziales Netzwerk lernte er eine Frau kennen. Sie hatte vier Kinder. Forestier verliebte sich sofort in Aurelie, ihre 10-jährige Tochter und versprach dieser, sie nach Erreichen ihrer Volljährigkeit zu heiraten. Wieder belog er seine Umgebung und die Fachärztin für Psychiatrie: Seine Liebe sei platonisch. In Wirklichkeit berührte er das Mädchen, machte Photos von ihr, nahm sie sogar mit ins Bett, in dem er mit ihrer Mutter schlief. Das ging so lange, bis ihn diese Frau aus ihrem Haus warf.

Danach lernte er eine in bescheideneren Verhältnissen lebende Dame, Mutter von zwei Kindern, kennen. Er gab sich als Arzt aus und konnte auf diese Weise beide Kinder verführen. Er lehrte sie seine Wahnidee, Mädchen seien kastrierte Knaben. Er selber wäre dazu verurteilt worden, ein Mädchen zu werden, habe diesem Schicksal aber entrinnen können. Er spielte sich bei diesen Kindern also als Ausnahme auf.

Aurelies Mutter erstattete inzwischen Anzeige gegen ihn. Weil er knapp vor seiner Verhaftung stand, schickte ihn seine Psychiaterin in eine Klinik. Er konnte dort aber nicht beiben, da er den Verfolgungswahn entwickelte, die Direktorin der Klinik wolle ihn an das nahe liegende Gefängnis ausliefern. Nach einem Fluchtversuch wurde er verhaftet und in seine alte Haftanstalt eingewiesen, wo er wieder in meine Sprechstunde kam.

Nachdem er mir erzählt hatte, was geschehen war, erklärte er mir, er könne den Verlust Aurelies nicht überwinden. Aber es war nicht nur *ihr* Verlust, sondern vor allem auch sein eigener Ichverlust, der ihn in eine melancholische Depression stieß. Seit er sie nicht mehr nackt sehen konnte, fühlte er eine schreckliche Leere in sich selbst. Als er noch in Freiheit lebte, konnte er seine Hilflosigkeit nur dadurch mildern, dass er wild Bilder nackter kleiner Mädchen aus dem Darknet herunterlud und speicherte. Selbst durch diese Maßnahme ließ sich sein Verlust nicht kompensieren.

Als er noch bei seinem alten Vater wohnte, lud er einmal Aurelie ein, um von ihr Photos zu machen. Doch da sah er seine bereits verstorbene Mutter auf einem Bild und verzichtete auf sein Vorhaben.

Forestier fühlte sich schon zu Kindern hingezogen, als er noch selbst ein Kind war, und lud Kinder ein, um sie zu verführen. Ein seltsamer Lapsus verriet, dass Kinder für ihn noch keine Menschen waren. Als sein Anwalt ihn aufforderte, in Zukunft Abstand von Kindern zu halten, sagte er, das gehe nicht. Es gäbe doch mehr Kinder auf der Welt als Menschen!

Sein dritter Aufenthalt im Gefängnis war ihm unerträglich. Sein altes Symptom, der Harnverhalt, war wieder ausgebrochen. Er beging eine Reihe von Selbstmordversuchen, bis die Gefängnisdirektion und sein Richter ihn bedingt freiließen. Er durfte bis zu seinem dritten Prozess zu seinem Vater zurückkehren. Seine Angst verließ ihn aber auch zu Hause nicht.

Was wollte er sehen, wenn er die Photos kleiner, nackter Mädchen zwischen acht und zwölf Jahren auf seinen Computer herunterlud? Ihre Schamspalte, ihren Penismangel, aber zugleich auch den Phallus, den sie repräsentierten. Wurde aber *er selbst* beim Urinieren gesehen, so war er von realer Verstümmelung bedroht.

Den Verlust des geliebten Objekts konnten seine Bilder nicht ersetzen. Aurelie war mehr als nur ein Mädchen, sie war *das* Mädchen. Er fürchtete, dass ihm mit ihr *alle* potentiellen Objekte verloren gegangen waren.

Als er zum ersten Mal seinen interpretativen Täuschungen der Kinderschreie unterlag, wusste er schon, dass seine Mutter nicht ihn, sondern ein Mädchen wollte. Er wusste auch, dass sie ihn gar nicht sah, wenn sie ihn vor sich hatte, sondern etwas nicht sah – das Mädchen, das sie sich gewünscht hatte.

Schon sehr früh, noch in der Latenzzeit, versuchte er, Kinder zu verführen, Mädchen und Knaben. Und um dieselbe Zeit unternahm er die Spaziergänge mit seinem Vater im Park, wo er Kinder schreien hörte und vom Mann mit der Baskenkappe verfolgt zu werden meinte. Das Mindestalter der Mädchen, die er begehrte, war sieben Jahre, genau sein Alter, in dem seine Psychose ausgelöst wurde. Übrigens waren seine beiden Töchter sieben und acht Jahre alt, als er das erste Mal pädopornographische Videokassetten erwarb, als ob diese Filme ihn von der Gefahr einer Inzesthandlung ablenken sollten.

Er begann also, jenes Mädchen zu lieben, das er für seine Mutter nicht sein konnte. Er wollte sogar zeigen, dass er sie mehr begehrte als seine Mutter das Mädchen, das sie nicht hatte. Aber als er Aurelie in seines Vaters Haus photographieren wollte, störte ihn der Blick seiner toten Mutter dabei.

So fixierte er sich also an das phallische Bild des Mädchens, das er für seine Mutter nicht verkörpern konnte, durfte es aber schließlich selber nicht haben. Und als er verstanden hatte, dass dieses Mädchen nie mehr zu ihm zurückkommen würde, erhängte er sich im Haus seines Vaters.

Freud: Psychose und Perversion

Wenn Freud schon früh behauptet, die Hysterie sei das Negativ der Perversion,[108] so stellt er zwischen den beiden klinischen Strukturen eben kein Kontinuum her, sondern schreibt den Perversionen Triebe zu, die er als »*perverse* (im weitesten Sinne)« bezeichnet, und sagt von ihnen, dass sie sich »direkt in Phantasievorsätzen und Taten äußern können«[109]. In den Neurosen wären diese Triebe nur mehr in den Symptomen tätig. Sie sind nur das Negativ der Perversion.

Die Treffsicherheit seiner Charakteristik der perversen Triebe zeigte sich in der Äußerung eines Lustmörders. Er hatte eine Frau zu vergewaltigen versucht, sie konnte ihm aber entgehen, indem sie ihn in ein Gespräch verwickelte. Nach einer sechsjährigen Gefängnisstrafe wurde er rückfällig und tötete eine Frau, nachdem er sie vergewaltigt hatte. Ich fragte ihn, ob er diese Tat vorbereitet hatte. Er antwortete, dass er schon während seines Gefängnisaufenthaltes seine Zeit damit verbrachte, die nächste Tat zu »phantasieren, zu planen und Projekte für sie zu schmieden«. Als ich ihn fragte, welche Pläne, welche Projekte er vorbereitete, brach er unser Gespräch brüsk ab und rief die Aufseher, um mich loszuwerden. Im Unterschied zu neurotischen Phantasien, sind jene der perversen Straftäter nie harmlos. Sie gehören bereits zur Tat, und der Perverse genießt seine Vorbereitungen schon, als gehörten sie zur Tat. Das konnte ich auch aus den Erzählungen eines Kinderschänders lernen, der sich an hospitalisierte kleine Jungen wie der Wolf im Schafspelz eines Krankenbesuchers heranmachte, um mit ihnen eine vertrauliche Beziehung zu knüpfen. Meist fehlte seinen Opfern der eigene Vater. Die »Jagd« gehörte für diesen Täter schon zur Sexualbefriedigung. Solche Phantasien oder sogar Taten können unter bestimmten Bedingungen auch von Psychotikern ausgelöst werden, ohne dass diese zusätzlich Perverse wären.

---

108 Freud, S. (1986). Briefe an Wilhelm Fliess. Frankfurt a. M., Brief 119, S. 240–241. Seine Aussage wird er in den Drei Abhandlungen zur Sexualtheorie (1905) wiederholen.

109 Meine Hervorhebung (FK). Siehe Freud, S. (1972/1905). Drei Abhandlungen zur Sexualtheorie. Studienausgabe, Band V. Frankfurt a. M., S. 74. Die Symptome der Psychoneurosen stellen den »konvertierten Ausdruck solcher Triebe« dar, »sie bilden sich also zum Teil auf Kosten abnormer Sexualität; die Neurose ist sozusagen das Negativ der Perversion«.

Von Melanie Klein beeinflusste Kliniker interpretieren Gewalttaten manchmal als Abwehrmaßnahmen des Psychotikers gegen Halluzinationen, ein Zweckdenken, bei dem die verbrecherische Tat zum Symptom wird. Sie unterlägen dann keinen »perversen Trieben«, die sich in »Phantasievorsätze und Taten« äußern können.

Man kann sagen, dass die Triebe sich in den drei Kategorien des Imaginären (Phantasie), Symbolischen (Vorsätze) und Realen (Taten) fortpflanzen. Bei Neurose bliebe die Phantasie in ihrer imaginären und sprachlichen Komponente gehemmt. Das Reale des Triebs speist dort nur das Symptom. Zur Tat kommt es nur im Falle eines *passage à l'acte* ohne dessen triebhafte Vorbereitung.

Wie denkt nun Freud das Verhältnis zwischen Psychose und Perversion? Man kann grob gesprochen zwei Ansätze bei ihm unterscheiden: einen frühen, psychogenetischen und einen späteren strukturalen, bei dem er die Verleugnung des weiblichen Penismangels und seines Ersatzes durch den Fetisch mit der psychotischen Verleugnung der Realität vergleicht. Dazwischen stehen die Analyse des Wahns im Fall Schreber und sein Augenmerk auf die Verwerfung der Kastration beim Wolfsmann, einen Vorgang, den jedoch erst Lacan begrifflich erfassen konnte. Wir müssen uns hier auf den frühen Freud beschränken.

In seinem Brief 228 an Fliess schlägt er eine klare Brücke zwischen der Paranoia und dem, was er »Perversionsbildung« nennt. Er postuliert zuerst den »Autoerotismus, der auf ein psychosexuelles Ziel verzichtet und nur die lokal befriedigende Empfindung verlangt«[110]. Man darf annehmen, dass es sich bei dieser nur »lokal befriedigenden Empfindung« um ein vom Phallus nicht beherrschtes Genießen handelt, welches keiner Erfahrung des Subjekts entspricht und es daher ängstigt. Der Autoerotismus wird dann vom »Alloerotismus« (Homo-, Heteroertismus) abgelöst, besteht aber als »Strömung« fort. Die Hysterie und die Zwangsneurose sind alloerotisch, weil in diesen Neurosen die Identifizierungen mit der geliebten Person herrschen, die einen Weg zum anderen bahnen. Die Paranoia hingegen löst diese Identifizierungen wieder auf und stellt die geliebten Personen der Kindheit wieder her, das Ich zerfällt in »fremde Personen«. Die autoerotische Strömung kehrt bei ihr zurück. Und hier baut nun Freud seine Brücke zur Perversion: »Die ihr entsprechende Perversionsbildung wäre die sogenannte originäre Ver-

---

110 Freud, S. (1986). Briefe an Wilhelm Fliess. Frankfurt a. M., S. 428, Brief 228 vom 09.12.1899.

rücktheit«[111]. Diese betrifft das »ursprüngliche ›Ich‹«. Dieses habe eine besondere Beziehung zum Autoerotismus, welcher den Charakter dieser Neurose gut beleuchten würde. Was Freud hier »Neurose« nennt, ist die »originäre Verrücktheit« mit ihren »Perversionsbildungen«.

Im Kapitel »Allgemeines über alle Perversionen« seiner *Drei Abhandlungen ...* lehnt Freud es zuerst ab, den Perversionen »den Charakter eines Krankheits- oder Degenerationszeichens«[112] zuzusprechen, wie das die Ärzte seiner Zeit taten: »Bei keinem Gesunden dürfte irgendein pervers zu nennender Zusatz zum normalen Sexualziel fehlen ...«. Perversion ist für ihn also ein »Zusatz«, man könnte auch sagen ein Exzess, welcher das »Normale« überschreitet. Natürlich muss er seine Großzügigkeit bei gewissen Perversionen zurücknehmen, wenn diese sich inhaltlich zu weit vom Normalen entfernen. Dann sind sie eben krankhaft und verdrängen das Normale. Auch die »Fixierung« an eine Perversion ist für Freud krankhaft.

Bei den »abscheulichsten Perversionen« findet mit »psychischer Beteiligung« eine »Umwandlung des Sexualtriebes« statt. Freud geht so weit, von einer »Idealisierung des Triebes« gerade bei diesen Verwirrungen zu sprechen! Hier zeige sich die »Allgewalt der Liebe«.

Zur psychogenetischen Herleitung der Perversionen gehört auch, was Freud im Abschnitt *Die infantile Sexualität zur polymorphen Perversion des Kindes*[113] sagt: »Es ist lehrreich, dass das Kind unter dem Einfluss der Verführung polymorph pervers werden, zu allen möglichen Überschreitungen verleitet werden kann«. Er fügt dem hinzu, »dass es die Eignung dazu in seiner Anlage mitbringt«. Beim Kind seien »die seelischen Dämme gegen sexuelle Ausschreitungen, Scham, Ekel, Moral (...) noch nicht aufgeführt«. Es gäbe somit eine »polymorph perverse Veranlagung« beim Kind.

Bei aller Kritik, die man an dieser Stelle äußern könnte, muss man doch anerkennen, dass Freud sich keineswegs vollkommen von der Verführungstheorie abgewandt hat, die er doch im Brief 139 an Fliess aufgegeben zu haben schien.[114] Die Metapher vom noch nicht aufgeführten Staudamm nimmt eine andere vorweg. Diese findet man in seinem Kommentar zu seinem Aphorismus »Wo Es war, soll Ich werden«. Dazu sei

---

111 Freud, S. (1986). Briefe an Wilhelm Fliess, a. a. O., S. 429.
112 Freud, S. (1972/1905). Drei Abhandlungen zur Sexualtheorie, a. a. O., S. 69–70.
113 Freud, S. (1972/1905). Drei Abhandlungen zur Sexualtheorie, a. a. O., S. 97.
114 Freud, S. (1986). Briefe an Wilhelm Fliess. A. a. O., S. 283: »Ich glaube an meine Neurotica nicht mehr«.

eine »Kulturarbeit etwa wie die Trockenlegung der Zuydersee«[115] notwendig.

Bevor Freud die Psychose und die Perversion als Strukturen vergleichen konnte, musste er versuchen, die Logik dieser Strukturen zu erkennen. Das gelang ihm nur im Ansatz. Erst Lacan konnte diesen Ansatz ausarbeiten.

Lacan: Perversion und Psychose in *Kant mit Sade*

Die *Kritik der praktischen Vernunft* erschien im Jahre 1788. Sieben Jahre später habe Donatien Alphonse François de Sade in seiner *Philosophie im Boudoir* die Wahrheit über Kants zweite *Kritik* gesagt, behauptet Lacan. In *Kant mit Sade*[116] geht es auch um die Beziehung zwischen Perversion und Psychose, ja man kann sagen, dass Lacan Sades Republik wie das Reale behandelt, in welchem das von Kant verworfene Objekt des Gesetzes wiederkehrt. Sade habe sich von seinem Phantasma, das Lacan konstruiert, nicht täuschen lassen, weil »die Strenge seines Denkens in die Logik seines Lebens überging«. Sade war nicht nur Schriftsteller und Denker. Mehrere Vergehen und Verbrechen, in die er in Arcueil, Marseille und Lacoste verwickelt war, hatten ihn früh aus der Gesellschaft verdrängt. Er blieb 27 Jahre in verschiedenen Gefängnissen eingesperrt und starb in seinem 74. Lebensjahr im Asyl von Charenton.

Lacan schlägt also vor, Kant »mit Sade« zu befragen.[117] Nein, Sade nimmt nicht Freud vorweg, wie es bei manchen Schriftstellern heißt, sogar bei Blanchot, und Freud hat den Katalog der Perversionen nicht aus den *120 Tagen von Sodoma* zusammengestellt; die perversen Phantasien, die ihm seine Neurotiker mitteilten, genügten ihm dafür. Das *Boudoir* betrachtet Lacan hingegen als einen der Akademie, dem Lyzeum, der Stoa vergleichbaren Ort, »wo man die Wissenschaft vorbereitet, indem man die ethische Position berichtigt«, die traditionelle Ethik des höchsten Gutes,

---

115 Freud, S. (1969). Vorlesung zur Einführung in die Psychoanalyse. Und Neue Folge. Studienausgabe, Band I. 31. Vorlesung, S. 516.
116 Lacan, J. (1975/1963). Kant mit Sade. In Schriften II. Olten/Freiburg i. Br.
117 Dabei schreibt Lacan »Kant d'être mis à la question avec Sade«, eine Formel, die natürlich auf die Inquisition anspielt, wobei Sade sowohl »für unser Denken als auch in seinem Sadismus als Instrument dient«.

wohlgemerkt, die Sade wie Kant angreifen. Die *Kritik der praktischen Vernunft* sei ein »Diamant der Subversion«, Sade macht den ersten Schritt einer Subversion hinsichtlich des Themas vom »Glück im Bösen«. »Subversiv« ist ein Prädikat, mit dem Lacan sonst sehr sparsam umgeht. Solche Lobreden hindern ihn nicht daran, die Texte beider Autoren aufs Korn zu nehmen.

In seiner *Kritik der praktischen Vernunft* entzieht Kant alle Objekte, eines nach dem anderen, dem moralischen Gesetz. Zuerst die empirischen, zum Beispiel alle Lust erzeugende Vorstellungen. Für ihn ist es undenkbar, eine praktische Philosophie auf einem Prinzip naiver Lust zu gründen. Lacan fasst Kants Einwand gegen eine hedonistische Moral so zusammen: »Kein Phänomen kann einen konstanten Bezug zur Lust geltend machen«. Ein Gut wie die Lust erlaubt es nicht, ein moralisches Gesetz im Sinne Kants zu erlassen, das heißt ein praktisches Gesetz, das dem Willen die notwendige Aktion vorschriebe, das lustvolle Gut zu erzeugen. Genauso wie diese Prinzipien müssen die angenehmen und die unangenehmen Gefühle aus der praktischen Vernunft ausgeschlossen werden, wo das moralische Gesetz zur Aussage kommt.

Die deutsche Sprache unterscheidet zwischen dem *Guten* im moralischen Sinn und dem *Wohl* im Sinne des Angenehmen. Nur das Gute könnte als Objekt des moralischen Gesetzes in Frage kommen. Kant stößt aber auf das Paradox, dass die Begriffe des Guten und des Bösen, die offenbar dem moralischen Gesetz zu Grunde liegen sollten, nicht als Voraussetzungen dieses Gesetzes bestimmt werden können, sondern erst durch das moralische Gesetz.

So, wie für Angelus Silesius die Rose ohne Warum ist, hat bei Kant das moralische Gesetz kein Objekt, verfügt aber über eine Ursache. Lacan geht an das Problem der Kausalität in der praktischen Vernunft vom Phänomen der Stimme aus heran. So besteht er auf einem anderen Paradox der zweiten *Kritik*, nämlich, dass »im Augenblick, in dem das Subjekt (das pathologische Subjekt, jenes der Eigenliebe, der Selbstzufriedenheit, der *Arrogantia*) kein Objekt mehr vor sich hat, einem Gesetz begegnet«. Nun fehlt aber diesem Gesetz keineswegs ein Phänomen: Es handelt sich dabei um etwas, »das schon signifikant ist«, man erhält es »von einer Stimme im Gewissen«. Und wenn diese Stimme sich in einer Maxime artikuliert, wird sie »Anordnung« im doppelten Sinn dieses Wortes: Befehl und »Ordnung einer rein praktischen Vernunft oder eines rein praktischen Willens«. Die Ordnng der Vernunft, die den Willen bestimmt, ist für Kant durchaus mit der Freiheit vereinbar, zumindest mit der einzigen Freiheit, die dem Menschen zusteht, nämlich der, das Gesetz zu wollen.

Die Stimme der Vernunft ist so klar für den Willen, sagt Kant, dass sie nie von einer empirischen Regel übertönt werden könnte, einer Regel, die dem Subjekt befehlen würde, sein eigenes Glück zu suchen. Selbst der gewöhnlichste Mensch wäre imstande, diese Stimme zu hören. So beschließt er sein Buch mit den berühmten Worten:

> »Zwei Dinge erfüllen das Gemüth mit immer neuer und zunehmender Bewunderung und Ehrfurcht, je öfter und anhaltender sich das Nachdenken damit beschäftigt: *der bestirnte Himmel über mir und das moralische Gesetz in mir*«.

Als Träger oder Medium des praktischen Gesetzes kann die Stimme des Gewissens nicht dessen Ursache sein. Das Gesetz ist selbst Ursache des Willens und bestimmt diesen, ohne dass dabei gesagt wird, was dieser, seinerseits, verursachen wird. Aber um welche Ursache handelt es sich beim Gesetz? Um seine reine Form, die auch seine Substanz ist. Damit das Gesetz Ursache werden kann, muss es aus einer Transformation hervorgehen. Eine besondere Maxime, die ein Subjekt seinem Verhalten vorschreibt, muss eine universelle Regel werden. Nur dann hat sie Gesetzeskraft. Der kategorische Imperativ folgt aus der Notwendigkeit dieser Metamorphose. Nun stellt aber Lacan diesen Übergang vom Partikulären ins Universelle für mehrere Beispiele Kants, zum Beispiel dem des untreuen Depositärs[118], in Frage.

Inwiefern spricht *Die Philosophie im Boudoir* die Wahrheit der *Kritik der praktischen Vernunft* aus? Lacans Beweisführung stützt sich auf vier Begriffe: die Universalität, die Ursache, das Aussagen und die Stimme.

In dem in seinem Buch *Die Philosophie im Boudoir* eingefügten Pamphlet »Franzosen, noch eine Anstrengung, wenn ihr Republikaner werden wollt« (1795), spricht sich Sade gegen die Todesstrafe und für die Menschenrechte aus. Abgesehen von diesem humanistischen Unviersalismus gibt es dort einen weiteren, einen logischen: Lacan leitet aus dem Pamphlet eine Maxime ab, die er zur Würde eines Gesetzes erheben wird. Lacan hält sich streng an Sades Text und verdichtet ihn zu einer Maxime, aus welcher eine Regel hervorgeht, die jedem ein Recht auf ein Genießen seiner Wahl zugesteht. Diese Maxime kann »auf Kants Art« den Rang eines universellen Gesetzes beanspruchen. Die Sade unterstellte Maxime ge-

---

118 Kant, I. (1974/1788). Kritik der praktischen Vernunft. Frankfurt a. M., S. 136–137. Die Untreue des Depositärs und seine von Geldgier bestimmte Maxime stellt die Rechtsinstitution des Depositums ebensowenig in Frage, wie die Unterdrückung der polnischen Nation die Polen in der Welt zum Verschwinden bringen würde.

währt jedem Bürger der von Sade in seinem Pamphlet ersonnenen Republik das Recht, den Körper eines anderen schrankenlos nach seinem Belieben zu genießen. Lacan, der diese Maxime also an Sades Stelle formuliert, lässt sie von einem »Ich« aussprechen. Dieses »Ich«, das Subjekt der Aussage, macht damit sein Recht aufs Genießen gegenüber jedem anderen geltend, gibt aber gleichzeitig damit zu, dass jeder beliebige andere von ihm, dem Subjekt der Aussage, mit Recht dasselbe verlangen kann.[119] Dieses Recht steht also dem Anderen zu, das heißt, allen Bürgern der Republik, von denen jeder dazu aufgerufen werden kann, die von einem beliebigen anderen vorgestellten Qualen zu erleiden. Das den Anderen repräsentierende Subjekt wird also zum Subjekt des Aussagens. So entlarvt Sade, laut Lacan, durch seinen Imperativ des Genießens die Spaltung des Subjekts in ein Subjekt der Aussage und in ein Subjekt des Aussagens. In dieser Hinsicht sei er ehrlicher als Kant, der diese Spaltung in seinem moralischen Gesetz tarnt, indem er an die von der Öffentlichkeit abgeschottete »innere Stimme« appelliert, der man blind folgen müsse. Kant tut so, als ob die Umwandlung der Maxime in ein universelles Gesetz das Subjekt nicht verändere. Sade hingegen wirft ein grelles Licht auf die Subjektspaltung.

Kant zweifelt keinen Augenblick an der Kausalkraft des Moralgesetzes, von dem er trotzdem zugibt, dass es kein Naturgesetz ist. Sobald eine Maxime für den Willen die Form des »Prinzips einer allgemeinen Gesetzgebung« angenommen hat, determiniert diese Form auch den Willen, und dieser wird dann die Handlung auslösen, die zur Realisierung der Maxime führt. Durch seine Konstruktion der sadeschen Maxime, die das Recht auf Genießen festschreibt, gehorcht Lacan dem formalen Anspruch Kants: Sades Maxime ist nicht weniger universell als Kants Imperativ. Lacan enthüllt aber auch die schreckliche Wahrheit von Kants moralischem Gesetz, denn er nimmt Kants Text am Anfang der *Kritik der praktischen Vernunft* wörtlich, wo Kant sagt: »Also beziehen sich praktische Gesetze allein auf den Willen, unangesehen dessen, was durch die Kausalität desselben ausgerichtet wird, und man kann von der letztern (als zur Sinnenwelt gehörig) abstrahieren, um sie rein zu haben«[120]. Es ist, als hätte sich die prakti-

---

119 Hier der übersetzte Wortlaut der Sade'schen Maxime wie Lacan sie formuliert: »Ich habe das Recht, deinen Körper zu genießen, kann ein jeder mir sagen, und ich werde von diesem Recht Gebrauch machen, ohne daß irgendeine Schranke mich daran hindern könnte, diesen Lustzoll nach Belieben zu erpressen«. (übersetzt von Wolfgang Fietkau. In Lacan, J. (1975/1963). Schriften II. Olten/Freiburg i. Br., S. 138–139.
120 Kant, I. (1974/1788). Kritik der praktischen Vernunft, a. a. O., S. 127.

sche Vernunft nicht darum zu kümmern, was sie in der Welt der Sinne verursacht. Nun manifestiert sich aber das, was der Wille anrichtet, auf Sades Seite, wo der Wille zum Genusswillen wird. Lacan zieht daraus den Schluss, dass das Objekt, von welchem Kants moralisches Gesetz leer bleibt,[121] bei Sade auf die Erde herabsteigt: und zwar als das Dasein des »Agenten der Qual«[122]. Damit hat er gezeigt, wie und warum *Die Philosophie im Boudoir* die Wahrheit der *Kritik der reinen Vernunft* liefert.

Die Perversion äußert sich in der sadeschen Erfahrung schon durch die Furcht vor der Drohung mit dem Schmerz, was die Maxime an einer Stelle aussagt: »Ich habe das Recht, deinen Körper zu genießen, *kann ein jeder mir sagen* …«[123]. Das sagt der Andere aus, und er wird durch das indirekte Objekt »mir« vertreten. Soweit das Subjekt des Aussagens. Das Subjekt der Aussage hingegen fordert schamlos sein Genießen. Dem vom moralischen Gesetz determinierten Willen Kants entspricht bei Sade der Wille zum Genießen. Das Genießen bemächtigt sich dieses Willens nur, »um sich im Innersten des Subjekts einzunisten, das es darüber hinaus aufreizt, um sein Schamgefühl zu befallen«.[124] Das Genießen »versteinert« sich im Objekt des Phantasmas: Dieses Objekt ist das Instrument, also der Folterknecht, in der sadistischen Erfahrung. Dieser als Objekt erstarrte Agent des Phantasmas, zielt darauf ab, »dass ihm seine ganze Subjektspaltung vom Anderen zurückgesandt werde«[125]. Das heißt, dass das Objekt im sadeschen Phantasma nur dann zum Objekt und Instrument werden kann, wenn seine Spaltung und die des Anderen sich überlagern.

Besteht zwischen den Strukturen von Perversion und Psychose eine privilegierte Beziehung? Lacans Schrift *Kant mit Sade*, deren ersten Teil wir hier in Erinnerung gebracht haben, weist darauf hin. Aber nur wenige Kommentatoren haben sich diese Frage gestellt. Das ist umso erstaunlicher, als zumindest drei wichtige klinische Elemente der Psychose in dieser Schrift auftauchen: 1) die psychotische Stimme, auf die Lacan in einem Kommentar von Sades Pamphlet hinweist. 2) Diese Stimme äußert sich, als wäre sie eine Antwort, ja ein Echo auf Kants Ausschluss eines jeglichen

---

121 Kant spricht vom leeren Platz, den nun »reine praktische Vernunft durch ein bestimmtes Gesetz der Kausalität in einer intellegibelen Welt (durch Freiheit), nämlich das moralische Gesetz« ausfüllt.
122 Lacan, J. (1966). Écrits. Paris, S. 772; Lacan, J. (1975/1963). Schriften II, Olten/Freiburg i. Br., S. 142.
123 Meine Hervorhebung (FK).
124 Lacan, J. (1975/1963). Kant mit Sade, a. a. O., S. 142 (abgeänderte Übersetzung).
125 Lacan, J. (1966). Écrits, a. a. O., S. 774.

Objekts aus dem moralischen Gesetz – ein Ausschluss, der nicht weit von einer »Verwerfung« entfernt ist. Es ist so, als behandle Lacan die Wahrheit, welche die Moralphilosophie Kants bei Sade findet wie die Folge einer Verwerfung. 3) Der Übergang von der Hölle des Libertins Saint-Fonds mit seinem Wunsch nach einem »zweiten Tod« zur Melancholie und schließlich die Erwähnung eines schizophrenen Serienmörders.

Die Stimme ist ein aus dem Teilobjekt Karl Abrahams und Melanie Kleins von Lacan entwickeltes »Objekt a«. Wir haben dieses Objekt schon in seiner Lektüre der *Kritik der praktischen Vernunft* ausgemacht. Das moralische Gesetz, dessen Objekt Kant nicht begreifen kann, stellt bei Lacan das Begehren dar.[126]

Wenn man aber mit Lacan von Kant zu Sade übergeht, erschallt eine Stimme im Realen der politischen Umwälzung, die Sade in seinem Pamphlet zur Verbesserung der französischen Revolution erdacht hatte. Dieses Erschallen ist fiktiv, aber Lacan schreckt nicht davor zurück, es wie die Konsequenz der Verwerfung eines grundlegenden Elementes im Symbolischen, wie zum Beispiel des Namens-des-Vaters, welches eine Psychose auslösen kann, zu behandeln. Lacan lässt also die äußere Stimme Sades auf die innere Stimme Kants antworten. Lacan dekonstruiert die hehre Stimme des Gewissens so: Nur das Subjekt bleibt übrig »in Form einer Stimme«, der »inneren unsinnigen Stimme«[127]. Obwohl sie Stimme des Gewissens ist – Freud schreibt sie 1914 dem Ichideal zu[128] –, sagt sie oft auch krudes Zeug. Die Stimme, die Lacan auf der Basis des sadeschen Pamphlets annimmt, ruft zur obszönen Triebbefriedigung auf. Und tatsächlich könnte man Kant eine Verwerfung vorwerfen: Er will kein Objekt für das moralische Gesetz, er eliminiert alle in Frage kommenden Objekte! Es bedarf nicht viel Einbildungskraft, sich die Einsetzung der sadesschen Republik als revolutionäre Situation vorzustellen. In ihr hält der »Herold der Maxime« seine Rede, wo er das universelle Recht auf Genießen fordert. Man hört ihn also nicht im Inneren seiner Brust, sondern draußen, im realen Raum der Öffentlichkeit.

Lacan stellt sich einen »Herold der Maxime« vor, eine Radiostimme, welche das Recht aufs Genießen einmahnt, sobald die Bürger der Republik

---

126 Lacan, J. (1966). Écrits, a. a. O., S. 780–781.
127 sans queue ni tête
128 Freud, S. (1946/1973). Zur Einführung des Narzißmus. GW X, S. 163 und ders. (1940/1969). Das Ich und das Es. GW XIII, S. 282, wo Freud schreibt, dass das Überich »seine Herkunft aus Gehörtem unmöglich verleugnen kann«.

daraus ihr »organisches Gesetz« gemacht haben. Er vergleicht dieses Phänomen der Stimme mit den Stimmen in der Psychose:

> »Phänomene der Stimme wie diese, zumal die der Psychose, haben in der Tat diesen Objektcharakter, und die Psychoanalyse war in ihren Anfängen nahe daran, die Stimme des Gewissens darauf zu beziehen«[129].

In der Peversion, bei der Sade in seinem Werk Regie führt, und deren Theorie Lacan schreibt, lässt sich diese Stimme im Unterschied zu der des Gewissens im Realen der Politik hören. Per Paolo Pasolini zeigte in seinem Film *Salò oder die 120 Tage von Sodoma* die Grimasse, die dieses Reale annehmen kann.

Es ist vielleicht gewagt, zu behaupten, Kant habe das Objekt, also das verdichtete Genießen, verworfen. Man darf aber darauf aufmerksam machen, dass Lacan nirgends in seiner Schrift über die sadistische Perversion die Freud'sche Verleugnung erwähnt. Was den Fetisch betrifft, so behauptet er, dass das »Genießen« in Sades Phantasma sich zum »schwarzen Fetisch« versteinert. Nicht dieser hat die Funktion, die Kastration zu verhüllen, sondern die »unglaubliche Überlebenskraft« der Opfer und ihre »unverwüstliche Schönheit«. Die Verhüllung wird also dem Schleier der Schönheit verdankt, das, wie Rilke schreibt, des Schrecklichen Anfang ist.

Sade ist in seinem Phantasma das Subjekt, also das Opfer, obwohl er sich in seinem Leben auch als Agent der Qual betätigte. Er wurde von der Polizei, seiner Schwiegermutter und Napoleon ins Schloss Vincennes, die Bastille, und zuletzt in das das Asyl von Charenton gesperrt. Es ist, als hätte man geahnt, dass man ihn zwar hinter Mauern umkommen lassen könne, nicht aber das abtöten kann, was man mit Lacan sein Phantasma nennt. Denn dieses beschränkt sich doch nicht auf den Platz einer »Schonung«, den ihm Freud in der Neurose zuweist. Vielleicht verwarf Kant das Objekt deswegen, weil auch er etwas von dessen Sprengkraft wusste.

Die zweite Erwähnung einer Form von Psychose folgt in *Kant mit Sade* auf die Erklärung einer Forderung in Sades Phantasma. In ihm soll das Opfer unbedingt am Leben bleiben. Das Opfer, also das Subjekt, darf nicht verschwinden. In neurotischen Phantasmen fällt das Subjekt einem *fading* vor dem Objekt anheim. In Lacans Sprache übersetzt: Der Punkt der Aphanisis, des Erlöschens des Subjekts, muss in der Einbildungskraft auf unbestimmte Zeit aufgeschoben werden. Sades Phantasma ist also statisch.

---

129 Lacan, J. (1975/1963). Kant mit Sade, a. a. O., S. 143.

Während das neurotische Subjekt erlischt, sobald das Unbewusste gesprochen hat, muss das Subjekt (Opfer) im Sadismus seine Qualen aushalten. Mehr noch: seine Schönheit muss trotz der Folter, die es erleidet, bestehen bleiben. So wird die Schönheit zum letzten Schleier vor dem Schrecklichen.

Lacan zitiert an dieser Stelle seines Artikels die *Antigone* des Sophokles, Vers 781, wo Eros als »unbesiegt im Kampf« vom Chor gefeiert wird. Lacan meint, dass Antigones Schönheit gerade in dem Augenblick unerträglich erglänzt, als sie zu ihrem Grab gebracht wird, um lebendig eingemauert zu werden.[130]

Antigone klagt, dass sie zwischen Leben und Tod stehe, weder zu den Lebenden gehöre noch zu den Toten.

Antigone steht nicht nur zwischen Leben und Tod, sondern auch »zwischen zwei Toden« – dem physischen Tod und dem Tod als Subjekt. Lacans Theorie des zweiten Todes bedeutet,[131] dass die Signifikanten, die ein Subjekt repräsentieren, gelöscht werden oder das Objekt a, das sein Begehren verursacht, zerstört wird. Sades Wunsch, seinen Namen auf seinem Grabstein hinter einem Strauch verschwinden zu lassen, ist das Beispiel für die Okultierung des ihn repräsentierenden Signifikanten. Diesen Wunsch nach dem »zweiten Tod« gibt es in der (psychotischen) Melancholie wirklich: So rief eine meiner Patientinnen aus: »Ich will nicht nur nicht mehr sein, ich will nie gewesen sein!« Und wenn Creon die Bestattung von Antigones Bruders Polynikes verbietet, weil dieser Theben angegriffen hat, so will er dessen Leichnam nirgends ruhen lassen. Antigone verliert also ein ihr teures Objekt, womit sie selbst *als Subjekt* untergeht, noch bevor sie lebendig begraben wird.

Auch im Werk Sades, und zwar im *System des Papstes Pius VI.*, findet Lacan den zweiten Tod. Im vierten Teil seines Romans *Juliette oder die Vorteile des Lasters* verlangt die Heldin bei ihrem Besuch im Vatikan vom

---

130 Diese Lesart ist nicht kompatibel mit der Jean Bollacks in seinem Buch La mort d'Antigone, Paris 1999, S. 20–21, wo das Bildnis Antigones schon früher, im Herzen von Creons Sohn und ihres Mannes Hämons erstrahlt, ein Bildnis, von dem Bollack schreibt, es werde Creon umbringen: »Das Begehren wird das Gesetz besiegen«. Geneviève Morel stellt in ihrem Aufsatz D'un éclat féminin qui suscite la dispute. Lectures croisées d'Antigone de Sophocle par Jacques Lacan et Jean Bollack die Argumente der beiden Autoren klar dar. Ihr Aufsatz ist in dem folgenden Werk erschienen: König, C. & Thouard, D. (Hrsg.). (2010). La philologie au présent. Pour Jean Bollack. Villeneuve d'Ascq, S. 185–199.
131 Morel, G. (2010). D'un éclat féminin qui suscite la dispute, a. a. O., S. 193.

Papst eine Dissertation über die Philosophie des Mordes. Er erfüllt ihr diesen Wunsch und erklärt ihr sein »System«, aus dem Lacan einen langen Auszug in seinem Seminar *Die Ethik der Psychoanalyse* zitiert.

Obwohl er seine Hörer daran erinnert, dass die päpstlichen Ausführungen pure Literatur und in keiner Weise wissenschaftlich begründet sind, dass es sich dabei also um einen »ausschweifenden Wust« handelt, nimmt er sie ernst. Er vergleicht sie mit Freuds Todestrieb-These! Was lässt Sade diesen Papst sagen?

Eine blinde Mutter aller Kreaturen, darunter auch des Menschen, jenem »schwachen und unförmigen Produkts ihrer Hände«, ist die Natur, nicht Herrin, sondern die »erste Sklavin ihrer Gesetze«. Sie wirkt also in einer erbärmlichen Routine, da sie doch ihre Kreaturen fortwährend hervorbringen und verbreiten muss. Diese pflanzen sich automatisch ins Unendliche fort. Tatsächlich verleugnet Sade den Tod. Im System seines Papstes gibt es ein erstes Leben, das in der Gebärmutter einer Frau entsteht und ein zweites, das wir zu Unrecht den Tod nennen, da es sich in »Eingeweiden der Erde« nach dem Verfall der Organismen neu organisiert. In Wahrheit mag die ewige Natur Mutter sein, ständigen Elan haben, wie sie will, sie schafft nicht. Daher sind Laster und Verbrechen notwendig. Sade schreibt: »Die Laster sind notwendiger als die Tugenden, da sie schöpferisch sind, während die Tugenden nur geschaffen sind.« Eine zu perfekte Harmonie wäre schädlicher als die Unordnung, es gäbe keine Gravitation mehr und auch keine Bewegung. Krieg, Streit und Verbrechen dürften also nicht verbannt werden. Wozu? Sade fürchtet den Widerspruch nicht, wenn er auf diese Frage antwortet: Um das Universum in einem perfekten Gleichgewicht zu erhalten. Aber die grauenhaftesten Verbrechen genügen noch nicht, behauptet Pius VI. Um die Natur zu befriedigen, müsste man die Regeneration selbst selbst unterbrechen, jene des Kadavers, den wir begraben.

> »Der Mord nimmt seinem Opfer nur das erste Leben; man müsste ihm auch das zweite entreißen, um der Natur noch nützlicher zu werden, denn, was sie will, ist Vernichtung, und es würde unsere Kräfte übersteigen, unser Morden so weit auszudehnen, wie sie es begehrt«.

Im Jahre 1960 stellt Lacan das System des Papstes Pius VI. auf dieselbe Ebene wie Freuds Entdeckung des Todestriebes. Beide erscheinen ihm verdächtig, aber er nimmt sie aus zwei Gründen ernst. Erstens findet er bei Sade den Begriff des »zweiten Todes«, nämlich den, der nach dem physischen Tod kommt und der die automatische Wiederbelebung (*régénération*) unterbricht. Zweitens: Sade wie Freud binden die Schöpfung an die

Zerstörung, und für Lacan gibt es nur Schöpfung, die *ex nihilo* vor sich geht, von nichts aus; und das verlangt bei Sade die Vernichtung.

In seiner großen Arbeit *Jenseits des Lustprinzips*[132] wendet Freud die Rede des Komödiendichters Aristophanes in Platons *Symposium* bei der Erklärung seiner Triebtheorie zur Stützung seiner Hypothese an, die biologische Substanz sei bei ihrer Belebung in kleine Teilchen zerrissen worden. Der Sexualtrieb habe die Aufgabe, diese Partikel wieder zusammenzufügen. Wie wir sehen werden, interessiert sich Lacan für jene Stellen bei Sade, wo dieser seine Einbildungskraft für den gerade umgekehrten Prozess einsetzt: Statt Vereinigung der Teilchen der lebendigen Substanz sollen diese nicht nur zerstreut, sondern sogar zerstört werden, damit jede Zusammensetzung des Lebendigen unmöglich werde.

Kommt nicht gerade bei dieser Gegenüberstellung von Freud und Sade wieder ein wichtiger Begriff der lacanschen Klinik der Psychosen ins Spiel? Freud postuliert eine Zerreißung der lebendigen Substanz im Augenblick ihrer Belebung, Sade dringt auf ihre Zerstörung, um die Routine der Regenerierung in der Natur zu unterbrechen, eine Vernichtung, die erst die Schöpfung aus dem Nichts bei Sade zuließe.

Aber findet diese von Freud angenommene Zerreißung nicht eine Parallele in den Zerstückelungen und Zerreißungen, die das Subjekt in der Psychose an seinem Körper manchmal erleidet und die sich nicht auf das *Phantasma* des zerstückelten Körpers reduzieren lassen, welches in allen klinischen Strukturen vorkommt? Die am eigenen Körper erlittenen Phänomene der Zerstückelung haben Kliniker, die mit Gewalttätern im Gefängnis arbeiteten, dazu veranlasst, ihre Taten als Abwehrmaßnamen gegen ihre Leiden zu erklären. Sie hätten so den Körper eines anderen geschlagen, um den eigenen vor der Vernichtung zu bewahren. Lacan stellt dieser teleologischen Deutung psychotischer Totschläge schon um 1953 eine schlüssigere Theorie entgegen: Das vom sprach-vermittelnden Anderen getrennt Imaginäre des Körpers ist ein gefährlicher Ort: »die grundlegendste Struktur des Menschenwesens auf der imaginären Ebene (verlangt) (...) den anderen zu zerstören, ist er doch der Sitz der (eigenen) Entfremdung«. Die Theorie des Genießens im Seminar XIX, ... *ou pire* bedient sich gar keiner teleologischen Vorsicht mehr: »Genießen, das ist einen Körper genießen, das heißt, ihn küssen, ihn umarmen, ihn in Stücke zu zerlegen«. Und Lacan rechnet es Sade hoch an, die Sache bei ihrem Namen genannt zu haben.

---

[132] Freud S. (2000/1920). Jenseits des Lustprinzips. Studienausgabe, Band III. Frankfurt a. M., S. 228–230.

Wie man sieht, unterwandern psychotische Themen Lacans Diskurs, der eigentlich der sadeschen Perversion gewidmet ist. Die Klinik der Psychose dringt explizit am Ende der Gegenüberstellung von Freuds Triebtheorie und Sades Kritik an der Natur und seiner Idee des zweiten Todes in Lacans *Kant mit Sade* explizit ein. Es geht um die dem Sadismus nächste Form von Psychose, nämlich die Melancholie. Beiden klinischen Strukturen ist auch gemeinsam, dass die Zeit in ihnen aufgehoben werden kann, um von einer schrecklichen Ewigkeit abgelöst zu werden.

Das mit ihren Foltern unvereinbare Überleben der phantasierten Opfer und ihre unveränderliche Schönheit scheinen Sade nicht zu genügen. Der abscheuliche Saint Fond erfindet in *Juliette* eine Hölle, in welcher die Torturen sogar nach dem Tod der Opfer neu anfangen können, um ewig zu dauern. Damit der Leser diesem Phantasma Glauben schenken könne, erfindet er einen Mythos, der es ermöglicht, die nach dem Tod zerstäubten »Partikel des Bösen« wieder einzusammeln.

Lacan kritisiert die Inkoherenz, mit der Saint Fonds Erfindung Sades Logik schadet. Sie widerspricht seiner Idee des »zweiten Todes«, welcher ja die Neu-Zusammensetzung des physischen Körpers ausschließt. Im Unterschied zu anderen Lesern Sades vernachlässigt Lacan nicht die klinische Dimension in dessen Werk, wie seine Hervorhebung des »Schmerzes zu existieren« zeigt. Einerseits weist er auf die Heilpraktiken hin, die im Budhismus auf diesen Schmerz antworten, auf der anderen Seite auf dessen Manifestationen in der Melancholie.

Ein letztes Mal ist von Psychose in *Kant mit Sade* die Rede, bevor Lacan Kants zweite Kritik wieder aufnimmt, um – gegen Kant – zu argumentieren, dass das moralische Gesetz nichts anderes vertritt als das Begehren. Bevor er dies aber tut, hält er sich kurz bei einem der Serienmörder des vorigen Jahrhunderts auf, dessen Taten genau gegen diese Identität von Begehren und Gesetz verstoßen. Der Fall Henri-Désiré Landru wurde oft beschrieben. Charlie Chaplin widmete ihm nach dem Zweiten Weltkrieg im Jahr 1948 seinen Film *Monsieur Verdoux*.

Landru ermordete zwischen 1915 und 1919 zehn Frauen und einen 17-jährigen Jungen. Er verbrannte ihre Leichen in seiner Küche. Nach einer Reihe von Betrügereien, die er schon früher begangen hatte, wurde bei Landru von Gerichts-Sachverständigen eine Melancholie diagnostiziert, er gilt heute aber eher als Schizophrener.[133] Er tötete, um sich des Vermögens seiner Opfer zu bemächtigen, damit seine eigene Familie bequem le-

---

133 Biagi-Chai, F. (2007). Le cas Landru à la lumière de la psychanalyse. Paris, S. 172.

ben könne, ein Tatmotiv, das der Idee des Begehrens und der Moral Kants strikt widerspricht.

Wir wissen nicht, welches Modell das Zusammenwirken von Psychose und Perversion veranschaulichen könnte. Aber wir können fragen, wie sie sich klinisch zueinander verhalten.

1. Im Falle der Pädophilie erfuhr der Patient von seiner Mutter, dass sie es vorgezogen hätte, an seiner Stelle ein Mädchen zu gebären. Seine Kastrationsangst hatte er vor einer Reihe von Verfolgern, nicht vor seinem Vater: Er fürchtete sich vor dem Mann mit der Baskenkappe und später vor seinen Mithäftlingen. Er hatte also früh einen Verfolgungswahn entwickelt. An Stelle der Geschlechtsumwandlung, die er nie erwog, entschloss er sich, das kleine Mädchen, das er für seine Mutter nicht sein konnte, als sein Idealich zu lieben. Die Vatermetapher konnte ihm das rätselhafte Begehren seiner Mutter nicht deuten. Daher wählte er das perverse Symptom der Pädophilie und den Wahn, alle Mädchen seien kastrierte Knaben. So konnte er sich auch die Kinderschreie im Park erklären. Unter allen kleinen Mädchen, die er betrachtete oder traf, wählte er eines aus, um es wie sich selbst zu lieben: Er glaubte, das Mädchen ersetzt zu haben, das seiner Mutter vom Leben verwehrt worden war. Als ihm dieses Mädchen entzogen wurde, beschloss er, zu sterben.
2. Lacan zeigt, dass Sade die Wahrheit von Kants praktischer Venunft gesagt hat – eine schreckliche Wahrheit. Sie ist in Sades Phantasma enthalten. Sobald Lacan die Stimme des Herolds in seiner Fiktion erschallen lässt, spürt man die Nähe dieses Phantasmas zum Wahn. Aber die Auflage der Universalität der Maxime des Rechts auf Genießen trennt die von Sade erdachte Republik vom Wahn. Die Stimme ist auf der Seite der Psychose, was sie sagt, stellt sich in Sades Phantasma gegen den Wahn. Pasolinis Film, der dieses Phantasma auf den Faschismus projizierte, zeigte, wie Sades Phantasma in Wahn umschlagen kann. Im Unterschied von Sades Republik hat nicht jeder in der Republik von Salò das Recht den Körper des Anderen zu genießen, nur die Truppe der faschistischen Verfolger.

7

Kinderpsychoanalyse mit Lacans Konzeptualisierung

Annemarie Hamad

Anders als Freud ist Lacan von der Psychose[134] her zur Psychoanalyse gekommen. Sein Interesse für die sprachlichen Phänomene, mit denen die psychotischen Patienten ihn konfrontierten, hat ihn den berühmten Satz prägen lassen: »Das Unbewusste ist wie eine Sprache strukturiert«. Davon ausgehend ergibt sich denn auch das Postulat des Menschen als Sprechwesen (parlêtre), und zwar von Geburt an, ja gar schon davor, und zwar auf Grund der Tatsache, dass das Kind im Mutterleib und der Säugling eben von seiner Umwelt »gesprochen«, oder »besprochen« wird.[135] Surrealis-

---

134 Siehe dazu seine Doktorarbeit: Lacan, J. (1975/1932). De la psychose paranoïaque dans ses rapports avec la personnalité, Paris (deutsche Ausgabe 2002: Über die paranoische Psychose in ihren Beziehungen zur Persönlichkeit und Frühe Schriften über die Paranoia. Wien) und auch: Lacan, J. (1997/1955f.). Das Seminar. Buch III: Die Psychosen. Weinheim/Berlin.

mus, Strukturalismus und vor allem die Linguistik sind Quellen, aus denen er die Elemente für seine Theorie der Signifikantenverkettung, in der sich das Subjekt des Begehrens im Register des Symbolischen kundgibt, schöpft.

Wie bei erwachsenen Patienten, leihen wir auch bei Kindern von Anfang an unser Ohr den Signifikanten, die sein Leben in seiner Familie bestimmen, die es seinerseits, um es mit Goethe zu sagen zu »erwerben hat, um sie zu besitzen«.

Auf den ersten Blick ist Lacan nicht die erste Referenz für die analytische Arbeit mit Kindern. Für ihn jedoch, der sich ständig mit der Strukturierung der Psyche von allem Anfang an beschäftigt hat, ist der Rückgriff auf die Arbeiten der großen Kinderanalytiker wie Anna Freud, Melanie Klein, Donald W. Winnicott und in Frankreich der Bezug auf die Pionierarbeit mit Säuglingen und Babys seiner Zeitgenossin und von ihm hochgeschätzten[136] Kollegin Françoise Dolto von grundlegender Bedeutung. Wenn er also selbst nicht als Kinderanalytiker bekannt ist, so sind die von ihm erarbeiteten Konzepte doch genauso auf die Kinderanalyse anwendbar wie auf die Analyse von Erwachsenen.

Wie wir wissen, ging es Lacan am Anfang seiner Lehrtätigkeit und Forschung darum, die Engpässe, zu der die Ego-Psychologie der Post-Freudianer geführt hatte, zu hinterfragen, und mit der Ausarbeitung der drei Register des Symbolischen, des Imaginären und des Realen der analytischen Praxis neue Wege zu eröffnen. So widmet er in seinem ersten veröffentlichten Seminar *Freuds Technische Schriften* (1953–1954)[137] zwei Sitzungen Anna Freud und Melanie Klein, um anhand deren jeweiliger Technik den Unterschied zwischen der Analyse des Diskurses und der Analyse des Ichs aufzuzeigen und den Topos des Imaginären zu beschreiben. Er würdigt durchaus Anna Freuds berühmtes Buch *Das Ich und die Abwehrmechanismen* als Legat von Freuds letzten Ausarbeitungen über das Ich und geht dann von dem Fall eines an schlimmen Angstzuständen leidenden kleinen Mädchens aus, um die technischen Grenzen der Analyse der Ab-

---

135 Lacan, J. (1975). Conférence à Genève sur le symptôme (04.10.1975). Le Blocnotes de la psychanalyse, 5, 1985.
136 Diese Hochschätzung der Analytikerinnen unterstreicht Lacan des Öfteren: So sagt er in der Konferenz von Genf über das Symptom: »Die Frauen trauen sich, sie gehen mit einem ganz direkten Gefühl dafür, was das Baby im Menschen ist, vor. Für die Männer erfordert es einen heftigen Durchbruch.«
137 Lacan, J. (1990/1953f.). Das Seminar. Buch I: Die technischen Schriften von Freud. Weinheim/Berlin.

wehrmechanismen hervorzuheben. Das Kind reagiert gegen das Aufsteigen des Angstaffekts mit Groll und Selbstironie, wobei es sich dadurch mit seinem verstorbenen Vater identifiziert. Nach Anna Freud handelt es sich darum, vorerst diese Abwehrmechanismen und danach den Widerstand der Kleinen in der Übertragung zu deuten. Der Irrtum in dieser Vorgehensweise besteht darin, so Lacan, dass Anna Freud die Situation sofort als Zweierbeziehung zwischen dem Ich des Kindes und ihrem eigenen Ich erlebt hat. »Sie hätte die dualistische Deutung, wo der Analytiker sich in einer Rivalität von Ich zu Ich mit dem Analysanden begibt, unterscheiden sollen von der Deutung im Sinne der symbolischen Strukturierung des Subjekts, die jenseits der gegenwärtigen Struktur seines Ichs zu situieren ist.«[138] In diesem Falle heißt es, in der Identifizierung mit dem Vater nicht nur die Übernahme seiner Abwehrmechanismen zu sehen, sondern die Funktion des Subjekts in der symbolischen Ordnung zu erkennen, die vorerst vom Ödipuskomplex bestimmt wird.

Dem »intellektualistischen« Standpunkt Anna Freuds, bei dem es vorwiegend um Ich-Erziehung und Überzeugungstaktik geht, stellt Lacan Melanie Klein mit ihrem Artikel *Die Bedeutung der Symbolbildung für die Ichentwicklung* (1930)[139] gegenüber. Zweifellos haben die Arbeiten Melanie Kleins Lacans Theoretisierung grundlegend beeinflusst. Was ihn an diesem Artikel über die Behandlung des vierjährigen Dick[140] interessiert

---

138 Lacan, J. (1990/1954). Das Seminar. Buch I: Die technischen Schriften von Freud, a. a. O., 17.02.1954.
139 Klein, M. (1929). Die Bedeutung der Symbolbildung für die Ichentwicklung. Vortrag erschienen 1930 in Internationale Zeitschrift für Psychoanalyse.
140 Hier der von Lacan kommentierte Abschnitt des Artikels: »Dick hatte, als ich ihn zur ersten Stunde von der Nurse übernahm, diese – wie schon erwähnt – ohne jede Affektäußerung verlassen. Als ich ihm die vorbereiteten Spielsachen zeigte, betrachtete er sie völlig interesselos. Ich stellte dann einen größeren neben einen kleineren Zug und benannte sie »Papa-Zug« und »Dick-Zug«. Er nimmt hierauf den kleineren, von mir Dick benannten Zug, lässt ihn zum Fenster fahren und sagt »Station«. Ich erkläre: »Station ist Mutti – Dick fährt in die Mutti.« – Er lässt hierauf den Zug sein, läuft zu dem durch die Doppeltüren des Zimmers gebildeten Zwischenraum, schließt sich dort ein, sagt dabei »dunkel«, läuft gleich wieder dort heraus und wiederholt dieses Vorgehen einige Male. Ich erkläre: »Dunkel in Mutti, Dick ist in dunkler Mutti«. Dazwischen nimmt er wieder den Zug auf, flüchtet sich aber bald wieder in den Türzwischenraum. – Während meiner Erklärung, dass er in die dunkle Mutter gehe, – sagt er zweimal fragend: »Nurse?« Ich erwidere: »Nurse is soon coming«, was er wiederholt, auch später richtig anwendet und beibehält ...« Internationale Zeitschrift für Psychoanalyse, XVI Band, 1930. S. 64.

hat (dessen apathisches Verhalten und Sprechfähigkeiten eher einem fünfzehn- bis achtzehnmonatigen Kleinkind ähnelten), ist die retroaktive Wirkung der sprachlichen Artikulierung durch die Analytikerin auf seine Subjektivierung und Bezugsfähigkeit zu seiner vorerst feindlichen formlosen Umwelt.

Lacan kommentiert nach M. Kleins Aussagen: Dicks Ich ist nicht ausgebildet, daher seine Gleichgültigkeit, seine Kontaktlosigkeit. Er lebt vollkommen in einer ebenfalls unausgebildeten, formlosen Realität. Die menschliche Wirklichkeit besteht aus dem Interesse für Gegenstände, die sich unterscheiden lassen; in diesem Sinne lebt Dick in einer nichtmenschlichen Realität. Melanie Klein fühlt das und beginnt sofort mit einer etwas brutalen ödipalen Interpretation, durch die jedoch die unorganisierte Außenwelt im Rahmen der Übertragung (auf den großen Anderen, »Schatzkasten der Signifikanten«, den die Analytikerin verkörpert) sich artikuliert. Die Verbalisierung der Objekte produziert gleichzeitig eine Ausstoßung des Subjekts aus seiner primitiven Instinktwelt, wobei es jedes Mal in der sprachlichen Welt neu identifiziert wird. Dieser psychische Prozess des Verlusts eines Zustandes, den wir heute als eine Art des Genießens im chaotischen Schlamassel des Unartikulierten erkennen können, ist der Preis der Identifizierung des Subjekts, und zwar insofern, als es von einem Signifikanten für einen anderen Signifikanten bezeichnet und so in das Signifikantennetz der Sprache eingeführt wird.

Konkret können wir in Melanie Kleins Beschreibung der Sitzung feststellen, wie sie mit den wenigen dem Kind zur Verfügung stehenden Vokabeln[141] und den wenigen Gegenständen, die seine Aufmerksamkeit wecken können, also den Zügen, dem Bahnhof, dann Papa, Mutti, Dick, eine Inszenierung von Interaktionen herstellt, die dem kleinen Dick einen Platz als Subjekt im Symbolischen zuspricht, der auch gleichzeitig im Imaginären durch die Spielzüge eine Darstellung gleich einer Traumszene findet. Wie es der Kleine durch seine Flucht in den dunklen Zwischenraum der Doppeltür kundgibt, ist dieser Vorgang von Angst begleitet. Das bedeutet, dass er aus der Affektlosigkeit heraustritt, was er dann auch gleich mit der Nachfrage nach der Nurse bezeugt, deren Weggehen ihm zuvor gleichgül-

---

141 Dadurch, dass die Analytikerin mit den dem Kind zur Verfügung stehenden Signifikanten beginnt, anerkennt sie es als Subjekt. Lacan sagt: »Der Mensch findet seinen Sinn im Begehren des Anderen, nicht so sehr, weil der andere den Schlüssel des begehrten Objekts besitzt, sondern weil sein erstes Objekt darin besteht, vom anderen anerkannt zu werden.« In Lacan, J. (1971). Écrits. Paris, S. 268.

tig gewesen war. Man könnte auch sagen, dass er den Mangel verspürt, der ja bekanntlich Ursprung des menschlichen Begehrens ist. Was wir hier am Gebaren des kleinen Dick ablesen können, ist übrigens der Ausdruck genau dessen, was auch im Ablauf jeder Analyse durch das Aussprechen der jedem Subjekt eigenen Assoziationsverkettungen vorgeht. Wie oft sagen die Patienten, sie hätten Angst davor, Wünsche oder Befürchtungen auszusprechen, weil sie dadurch wahr werden könnten. Das kann man so verstehen, dass sie gewahr werden, dass sie sich in ihrer Rede als verantwortliches Subjekt erleben. Nur nach und nach gewinnen sie genügend Vertrauen in ihr Unbewusstes, um sich von den zahlreichen Türen, die sich in der Mehrdeutigkeit der Signifikanten eröffnen, den Pfad weisen zu lassen.

Um noch einmal auf Lacans eingehende Lektüre der Analyse des kleinen Dick zurückzukommen, so geht es ihm zu diesem Zeitpunkt seiner Erforschung des Unbewussten darum, dem symbolischen Register der Sprache als der Materie, die den Menschen ausmacht, den Vorrang[142] vor dem Imaginären einzuräumen.[143] Dabei ist es wichtig, zu verstehen, dass das symbolische Register der Sprache nicht auf die sinngebende Verbalisierung reduziert werden kann. Der Sinn, d. h. die Konstitution der Realität, entsteht dadurch, dass das Symbolische und das Imaginäre verbunden werden. Lacan sieht im Vorgehen von Melanie Klein die hervorragende Illustration seiner Formulierung: »Das Unbewusste ist der Diskurs des Anderen.« Ihre Symbolisierungen bestimmen den Ausgangspunkt dafür, dass das Subjekt das Imaginäre und das Reale ins Spiel bringen und seine Entwicklung in Gang setzen kann.[144] Genau so wird das Unbewusste ei-

---

142 In der Folge seiner Lehre und insbesondere mit der Einführung des borromäischen Knotens wird Lacan immer wieder auf der absoluten Gleichwertigkeit der drei Register bestehen. (Der dem Wappen der Mailänder Adelsfamilie Borromeo entnommene Knoten besteht aus drei Ringen, die ein Kleeblatt bilden und eine Dreierallianz symbolisieren. In den 1970er Jahren wurde diese topologische Darstellung der gegenseitigen Abhängigkeiten der drei Register des Symbolischen, des Imaginären und des Realen von Lacan unentwegt gehandhabt. Siehe dazu vor allem die Seminare R.S.I. (1974–75) und Le Sinthome (1975–76).

143 Es sei daran erinnert, dass für viele Analytiker zu diesem Zeitpunkt, in der Folge von Anna Freud, das Ego und seine Ausbildung für die »angepasste« Beziehung zur Außenwelt und in der Analyse zum Hauptanliegen geworden war. Analyse des fantasmatischen Materials, Sinngebung und Analyse der Widerstände führten zu Engpässen bei der Arbeit, wenn sich Analysanten nicht mit dem Analytiker identifizierten.

144 Lacan, J. (1975). Conférence à Genève sur le symptôme (04.10.1975). Le Blocnotes de la psychanalyse, 5, 1985, S. 100.

nes jeden Sprechwesens von den Signifikanten der Familiengeschichte geprägt, die ihm die Eltern bewusst oder unbewusst vermitteln. Deshalb ist es auch absolut notwendig, dass wir bei jeder Analyse mit einem Kind in den vorbereitenden Gesprächen nicht nur dem Unbewussten der Eltern Rechnung tragen, sondern uns auch auf deren positive Übertragung auf die Arbeit, die wir dem Kind anbieten, stützen können. Die Voraussetzung für die Arbeit mit Kindern besteht darin, dass auch die Eltern ihre Position in der Familiendynamik wenigstens teilweise in Frage stellen können; denn solange das Kind in der unbewussten Notwendigkeit befangen bleibt, das Phantasma[145] eines Elternteils oder auch beider mit seinen Symptomen zu unterstützen, weil der eine oder andere sonst zusammenzubrechen droht, darf es sich überhaupt nicht gestatten, den Weg der Veränderung, den die Analyse verspricht, zu beschreiten. Das ist auch der Grund dafür, dass die analytische Arbeit mit Kindern anspruchsvoller ist als mit Erwachsenen. Leider wird diese Tatsache von den Leuten verkannt, die meinen, junge Analytiker sollten ihre Praxis vorerst mit Kindern beginnen. Andererseits scheint mir, dass Kinderanalysen in der Praxis jedes Analytikers die Arbeit mit Erwachsenen ständig erhellen und dynamisieren, und zwar dadurch, dass die Präsenz des kindlichen Körpers im Unbewussten des Analytikers das Verdrängte lebendig erhält und uns die Ohren dafür öffnet.

Was den Körper betrifft, beziehe ich mich gerne auf Lacans Artikel über das Symptom, in dem er die somatischen Phänomene als Ideogramme oder Hieroglyphen[146] beschreibt, also von Inschriften, ganz im Sinne von Freuds Schema des psychischen Aufbaus[147] mit den verschiedenen Niederschriften, wobei in der ersten Niederschrift die Wahrnehmungen einzig nach Gleichzeitigkeitsassoziation gefügt sind (ohne jegliche logische oder ursächliche sprachliche Organisation). Die Bezugnahme auf das vorerst Unorganisierte, das sich im Körper eingeschrieben hat, ist mir bei Kindern, die an den Folgen frühkindlicher Traumen (Gewalttätigkeit, Operationen usw.)

---

145 Siehe u. a.: Lacan, J. (2001/1969). Note sur l'enfant. In Autres Ecrits. Paris, S. 373: »Das Symptom des Kindes befindet sich an der Stelle, wo es auf das Symptomatische in der Familienstruktur antwortet. Das Symptom, und das ist die grundlegende Tatsache der analytischen Erfahrung, ist in diesem Zusammenhang als Repräsentant der Wahrheit zu definieren.«
146 Lacan, J. (1975). Conférence à Genève sur le symptôme (04.10.1975). Le Blocnotes de la psychanalyse, 5, 1985.
147 Freud, S. (1986). Briefe an Wilhelm Fliess. Frankfurt a. M., Brief vom 06.12.1986.

leiden, besonders wichtig. Denn sie erlaubt mir, in deren scheinbar noch so sinnlosen Produktionen, etwas von ihrer Subjektivität anzuerkennen.

Dazu ein Beispiel aus meiner Praxis: Es geht um den Beginn einer Arbeit mit einem sich aus dem Autismus herausfindenden Mädchen von vier Jahren (entwicklungsmäßig von etwa zweieinhalb Jahren) Das Kind hat sich selbst anstatt für Spielzeug für Filzstifte und Papier entschieden. Sie macht nun ein ziemlich kompaktes Gekritzel und erklärt (wohl infolge der vorangegangenen Sitzung, wo ich die von ihr als Gekritzel[148] bezeichneten Produktionen als Farbenzeichnungen gewertet hatte): »das ist kein Gekritzel«, macht dann einen langen Strich diagonal über das Blatt, den ich auch als solchen bezeichne, worauf sie mich auffordert, auch zu zeichnen. Spontan entsteht mir eine eiförmige Schleife[149], innerhalb derjenigen sie sofort einen kleinen Kreis einschreibt. Ich bin bass erstaunt, denn es ist das erste Mal, dass ihr das gelingt. (Bekanntlich ist die Fähigkeit, einen Kreis zu zeichnen, Zeichen der Fähigkeit, sich abzugrenzen, eine separate Existenz anzudeuten.)

Warum hatte ich das Gekritzel positiv gewertet? Weil ich es als Ausdruck der ersten primitiven Sprachgrundlage betrachte. Es sind sich differenzierende »Spurungen«, die Abstände, Rhythmen, Hin- und Herwege einschreiben, jedoch weisen sie immer nur auf sich selbst zurück, inhaltslos und ohne Referenz zu irgendeinem Signifikanten, sowenig sie auf einen Trieb mit Objekt und Ziel hinweisen, jedenfalls solange sie nicht von einem Anderen entziffert und als signifikant anerkannt worden sind. Man kann sagen, dass der Mensch einen dem Tier analogen Drang verspürt, von seiner Gegenwart eine Spur zu hinterlassen. Vom Gekritzel zum langen Strich über das Blatt ist der Schritt der, dass sich eine Richtung angibt. Entscheidend ist jedoch dann »der Kreis im Ei«. Er kann als Fokus angesehen werden und gehört somit zu den von der französischen Autismusspezialistin Geneviève Haag als Radialstrukturen bezeichneten Produktionen (sowie ein Kreuz, eine Sonne, usw.), die von der Durchstreichung des ersten Striches zeugen, die das eigentliche Schriftphänomen ausmacht. Gleichzeitig denke ich bei der Schlaufe an den Kreislauf des Triebes um das Objekt »a«, welches Lacan in Anlehnung an Winnicotts

---

148 Bis dahin war wohl ihr Gekritzel als sich immer wiederholende Stereotypie negativ gewertet worden, während ich mit einer positiven Umwertung der Produktion eine positive Anerkennung des subjektiven Ausdrucks bewirkte.
149 Es geht auch hier darum, das Ineinanderwirken der drei Register zu »realisieren«, und es obliegt dem Analytiker im Akt des spontanen Zeichnens auch etwas vom Realen seines eigenen Körpers ins Spiel zu bringen.

Übergangsobjekt als Rest durch den Verzicht auf das gemeinsame Genießen im Körperkontakt mit der Mutter erarbeitet hat. Es steht also auf immer verloren in der Kluft des Realen, und gibt als Mangel den Anstoß zu dessen ständig notwendiger Symbolisierung.

Wie wir sehen, geht es in der Arbeit mit diesem Kind um die Strukturierung der Psyche an sich. Dabei ist mir der Rückgriff auf den borromäischen Knoten als Werkzeug immer behilflich, und zwar erstens, weil er die Struktur (»Meine teure Struktur, meine Struktur ›ohne Hand und Fuß‹, erweist sich als borromäischer Knoten«[150]) gewissermaßen real verkörpert, und zweitens, weil er in einer ästhetischen, abstrakten und rätselhaften Form erscheint, deren netzartig ineinandergreifende Linien vorab von keiner Sinngebung belastet sind. Es ist eine schöne Figur (nœud »bo«=beau), ein Blickfang zuerst, eine Aufforderung zur Handhabung und zur Sprache danach. Er ist ein Echo der psychischen Konstruktion, denn er stellt diese in ihrem eigenen Prozess dar. Die Kreislinien erwecken Bewegung, auch einen Zeitablauf, der sich später auf den Oberflächen des Torus weiter komplizieren.

In der Tat spricht Lacan von seinem Knoten als von einem Fund (trouvaille) zur Darstellung dessen, was zwischen dem Subjekt und dem Anderen im Spiel ist, nämlich: »Ich bitte Dich, das abzulehnen, was ich Dir anbiete, denn das ist es nicht.«[151] Dieses »das ist es nicht«, welches den Anspruch (la demande) motiviert, ist eben das, was man nicht aussprechen kann, das Objekt »a«. Das führt mich zurück zum Spiel, zum Amüsement (zur Muse, zur Poesie) mit dem kleinen Kind, das sich konstruierend konstruiert.

Sicher ist es uns allen schon passiert, dass ein Kind uns einen Gegenstand in die Hand legt, und gespannt hinschaut, was wir damit machen werden. Wenn wir ihn einfach in der Hand behalten, wird es weitere Gegenstände holen, irgendwelche, zahllose. »Was will es denn, mich so zu überschütten?«, mag man sich fragen. Wenn wir die Hand offenhalten, nimmt es ihn wieder weg, gibt ihn dann wieder zurück, und wenn wir nicht total verklemmt sind, so merken wir, dass das, was es interessiert, nicht der Gegenstand an sich ist, sondern eben das, was darum herum passiert. Ich kann ihn zum Beispiel benennen, verstecken, auf meinen Kopf legen, auf seinen Kopf ... Ein Spiel entsteht, der Raum der Struktu-

---

150 Lacan, J. (1974). Séminaire XXI: Les non-dupes errent, 19.02.1974.
151 Lacan, J. (1972). Séminaire IXX: Ou pire, 09.02.1972. »Je te demande de refuser ce que je t'offre, car c'est pas ça.«

rierung, die sich von einer Geste oder Handhabung zur anderen erfindet: die Matrix dessen, was die Verknüpfung von einem Verb zum anderen werden wird. Aus dem »das ist es nicht« entsteht die Not, von der man weiß, dass sie die Mutter aller Erfindungen und des Begehrens ist.

Abschließend möchte ich noch auf die Bedeutung des Imaginären im Aufbau der Psyche zurückkommen, wobei mir die Referenz auf Françoise Doltos Buch *Das unbewusste Körperbild*[152] insbesondere, aber nicht nur, bei Kindern ständig präsent ist. Wir erkennen dort, dass sie, ausgehend von ihrer praktischen Erfahrung und ihren Kenntnissen als Kinderärztin, das bewerkstelligt, was Lacan theoretisch bearbeitet, indem sie sich von ihren kleinen Analysanden belehren lässt. Ich begnüge mich hier mit der Definition, die sie von dem Körperbild gibt, wo klar wird, wie sie die Konzepte Lacans auf ihre Weise ins Spiel bringt:

»Das Körperbild ist die lebendige Synthese unserer emotionalen Erfahrungen: zwischenmenschlichen, wiederholt in ausgewählten archaischen oder gegenwärtig erlebten erogenen Empfindungen. Es kann als die unbewusste symbolische Verkörperung des begehrenden Subjekts betrachtet werden, und zwar noch bevor das betreffende Individuum fähig ist, sich selbst mit dem Pronomen ›Ich‹ zu bezeichnen. Das unbewusste, begehrende Subjekt im Bezug zu seinem Körper existiert seit seiner Empfängnis. Das unbewusste Körperbild ist jederzeit unbewusste Erinnerung des ganzen Beziehungserlebens, und gleichzeitig ist es aktuell, lebendig, dynamisch, gleichzeitig narzisstisch und auf den Anderen bezogen: getarnt oder aktualisierbar in der gegenwärtigen Beziehung, im sprachlichen Ausdruck sowie in der Zeichnung, im Kneten, in jeder musikalischen oder plastischen Erfindung genauso wie in der Mimik und den Gesten.«[153]

Das kleine Mädchen, das seine Arbeit mit einem allmählich Form annehmenden Gekritzel begonnen hatte, steckte nach dem »Ei im Kreis« die Kappe des Filzstiftes gleich einem Pfeifchen in den Mund und begann hineinzublasen, was in mir das ursprünglichste Körperbild hervorrief, nämlich dasjenige der Atmung in der Luftröhre, welches sich notgedrungen nach der Geburt einstellt. Wir spielten »blasen«, was ihr viel Spaß bereitete. Zum Schluss stieß sie einen tiefen, freudigen Schrei aus. Einen Geburtsschrei, könnte man sagen. So repräsentiert sich ein archaisches Körperbild, das der Atemwege, und symbolisiert sich, wenn es als solches von einem anderen anerkannt wird.

---

152 Dolto, F. (1984). L'image inconsciente du corps, Paris.
153 Dolto, F. (1984). L'image inconsciente du corps, Paris, S. 22f.

Stichwortverzeichnis

A

Abhängigkeit   47, 86
Abwehrmechanismus   72, 106
Aktualneurose   28, 32
Anfrage   17, 19
Angst   31–33, 40, 42, 45, 54, 67–69, 80 f., 85, 87, 89, 108
Angsthysterie   40 f.
Aus-maß   24
Autoerotismus   91

B

Begehren   7, 9 f., 15, 31, 34, 36–40, 50, 54 f., 60–62, 65 f., 79, 98, 100, 103 f.
– des Analytikers   9, 15, 40
Beziehung, ungleiche   59
Borderline   10, 33, 40, 64–66, 69, 73 f., 76, 78

C

Charakterneurose   28, 32

D

Deutung   19, 25, 73 f., 79, 102, 107
Diagnostic and Statistical Manual of Mental Diseases (DSM)   28, 66, 68 f.
Dichtung   25
Ding der Leere   53
Diskurs   9, 20, 23, 39, 52 f., 56, 103, 109

E

Einfall   15, 24, 42
Eltern   47, 86, 110

F

Fehlhandlung   20

G

Gabe   21, 23, 59–61, 63
Genießen/Jouissance   66–69, 75 f., 78, 82, 87, 91, 95–99, 102, 104, 108, 112
Gesetzgeber   18
Grundregel   24

H

Hysterie   10, 24, 28, 31 f., 34–36, 39, 47, 90 f.

I

Inschrift   110
International Classification of Diseases (ICD)   69

K

Kastration   10, 33, 47, 71–73, 75, 79, 82, 86 f., 91, 99
Konversion   32, 66, 75, 83
Kritik der reinen Vernunft   97

L

Logik   9, 23, 49 f., 55, 57, 61, 82, 93, 103

M

Maß   21–26, 51
Maß-gabe   22 f.
maß-los   25
Melancholie   98, 100, 103
Moment des Schließens   25
Mord   101

N

Name-des-Vaters   71, 75
Natur   14, 49, 51, 56, 101–103

Neurose 9, 20, 28, 30–36, 40, 42, 64–66, 70, 74, 76, 78 f., 81, 85, 90 f., 99
Nichtwissen 50, 52

O

Objekt 10, 33, 36 f., 40 f., 46, 50, 53–55, 57, 61 f., 67, 75, 78, 80, 86, 89, 93 f., 97–100, 108, 111
Objekt \a«/L'object petit a
Obsession 34–37, 39 f.

P

Pädophilie 85, 104
Perversion 9, 11, 32 f., 37, 40, 64–66, 70, 74, 76, 84 f., 87, 90–93, 97, 99, 103 f.
Phantasma 7, 11, 36, 85, 93, 97, 99, 102–104, 110
Phobie 32 f., 40 f., 66 f., 75, 84
Psychose 11, 20, 31–33, 40, 64–66, 70, 72, 75, 78–82, 84 f., 89–91, 93, 97–99, 102–105
psychotische Stimme 97

R

Rationalität 22
Reales, Symbolisches, Imaginäres (RSI) 11, 78

S

Sades Maxime 96
Sades Pamphlet 97
Sades Republik 93, 104
Sexuierung 30, 36
signifikant 7, 94, 111
Signifikantennetz 108
Singularität 10, 18 f., 64 f., 70
Sinn 14, 17, 19, 23–25, 38, 52, 56 f., 60, 68, 70, 76, 87, 90, 94, 97, 107–110
Sinthom/Sinthome 10, 66, 78 f.
Skandierung 19, 24–26
Sprachregeln 24
Sprechwesen 52, 105, 110

Stimme des Gewissens 95, 98 f.
Struktur 9–11, 14 f., 29–31, 33–35, 38, 42, 64, 66 f., 70, 74–76, 79 f., 82 f., 85, 90, 93, 97, 102 f., 107, 112
– psychische 30, 33 f.
Subjekt 10, 14, 30 f., 35–37, 39, 54, 65–70, 72, 74–76, 79, 83, 91, 94–100, 102, 106–109, 113
Suggestion 48
System des Papstes Pius VI. 100 f.

T

Täuschung 51, 55, 87, 89
Todestrieb 46, 101
Traum 80 f.
Trieb 9, 13, 32, 34 f., 46, 61 f., 65, 67 f., 90 f., 111

U

Überdeterminierung 26
Überprüfbarkeit 48 f.
Übertragung 10 f., 17, 22 f., 35, 43–50, 54, 57–61, 63, 79, 81 f., 107 f., 110
Unbehagen in der Kultur 13
unbewusste Vorstellung 46
Urszene 72, 74, 78, 82

V

Verbrechen 85, 93, 101
Verdrängung 32–35, 66
Versprecher 20
Verwerfung 10, 64, 66, 71, 73, 76, 79, 82, 86 f., 91, 98
Verzicht 21, 112
Vor-gabe 23

W

Wahl 10, 14 f., 30, 33 f., 41, 95
Wahrheit 26, 50, 53, 60, 85, 93, 95 f., 98, 101, 104
Wiederholung 19
Wissen 25, 39, 50, 53, 55 f., 58 f., 61 f., 68

Wissenschaft 14, 20, 49, 93
Wissenschaftlichkeit 18
Witz 20
Wolfsmann 70, 72–74, 91

Z

Zeit 7, 9, 15, 19–23, 25–27, 35, 39, 48, 52 f., 61, 63, 77, 80, 83, 89 f., 92, 99, 103
Zeit des Anderen 27
zeit-los 26 f.
Zeitlosigkeit 27
Zensur 21, 26
Zwangsneurose 32, 34, 91

Personenverzeichnis

Antigone 100
Benvenuto, S. 54
Bräutigam, Walter 59
Breuer, Josef 31, 44 f., 54, 62 f.
Britton, Ronald 78
Chaplin, Charlie 103
Charcot, Jean-Martin 48
de Sade, Donatien Alphonse François 93
Dolto, Françoise 73, 106
Fliess, Wilhelm 91 f.
Freud, Anna 106
Freud, Sigmund 9 f., 13 f., 20–27, 31–33, 40, 42–50, 52, 56, 58, 60, 62, 65, 72, 75, 85, 90–93, 98 f., 101 f., 105
Goethe, Johann Wolfgang 106
Green, André 73
Haag, Geneviève 111
Heimann, Paula 59
Jones, Ernest 45
Kant, Immanuel 93–99, 103
Kernberg, Otto 69, 76
Klein, Melanie 11, 91, 98, 106–109

Lacan, Jacques 7, 9–11, 14 f., 19 f., 22–25, 27, 31, 33, 35–37, 40 f., 43, 49, 52–54, 56 f., 60, 64–66, 69–71, 73, 76, 79 f., 86, 91, 93–109, 111, 113
Landru, Henri-Désiré 103
Leader, Darian 79
Leclaire, Serge 72 f., 75
Little, Margret 59
Mannoni, Maude 73
Messmer, Franz Anton 48
Meyer zum Wischen, Michael 9 f., 33
Miller, Jacques-Alain 75
Nietzsche, Friedrich 26
Pasolini, Pier 99
Penderecki, Krystof 19
Platon 15, 49 f., 56, 61
Silesius, Angelus 94
Sophokles 100
Steiner, John 78
Szasz, Thomas S. 59
Tower, Lucy 59
Winnicott, Donald W. 106

Verzeichnis der Autorinnen und Autoren

Dr. Annemarie Hamad
Psychoanalytikerin in Paris
171, rue du Faubourg Poissonnière
75009 Paris
annhamad2@gmail.com

Prof. Dr. Kai Hammermeister
Psychoanalytiker und Heilpraktiker für Psychotherapie
Praxis für Psychoanalyse und Psychotherapie
Sredzkistraße 14
10435 Berlin
praxis@kai-hammermeister.de
www.kai-hammermeister.de

Franz Kaltenbeck
Psychoanalytiker in Paris und Lille
Savoirs et Clinique ALEPH
www.aleph-savoirs-et-clinique.org
5 rue Bernard Palissy, 75006 Paris
21 rue de Paradis, 75010 Paris
8 rue Basse, 59000 Lille
franz.kaltenbeck.fk@gmail.com
www.franz-kaltenbeck-psychanalyste.fr

Prof. Dr. med. habil. Philipp Kuwert
Chefarzt der Klinik für Psychosomatische Medizin und Psychotherapie
HELIOS-Hanseklinikum Stralsund
Rostocker Chaussee 70
18437 Stralsund
kuwert@uni-greifswald.de
www.helios-kliniken.de/klinik/stralsund

Dr. Birgit Meyer zum Wischen
Psychoanalytikerin in Berlin
Hardenbergstr. 9
10623 Berlin
psychoberlin@web.de
www.psychoanalytische-praxis-berlin.de

Dr. med. Michael Meyer zum Wischen
Psychoanalytiker in Berlin
Sredzkistraße 14
10435 Berlin
praxismzw@web.de
www.meyerzumwischen.de

Dr. med. André Michels
Psychiater und Psychoanalytiker
55, avenue de la Liberté
L-1931 Luxembourg
drandremichels@gmail.com

PD Dr. habil. Edith Seifert
Psychoanalytikerin in Berlin
Laehr'scher Jagdweg 26
14167 Berlin
e.seifert@kaleidoskopien.de